EL MUNDO ES TUYO

TÍTULO ORIGINAL:
Le monde est à toi

El mundo es tuyo
PRIMERA EDICIÓN: Octubre de 2021

contacto@firmamentoeditores.com
www.firmamentoeditores.com
RRSS: @firmamentoed

CÓDIGO IBIC: JFFK, DNF
ISBN: 978-84-123407-7-8
DEPÓSITO LEGAL: CA 337-2021

DISEÑO Y COMPOSICIÓN: Firmamento
IMPRESIÓN Y ENCUADERNACIÓN: Kadmos
FAMILIAS TIPOGRÁFICAS: Inka 9:11 y Pensum Pro 9:18

Martine Delvaux

El mundo es tuyo

traducción del francés de

Javier Vela

2021
Firmamento

Para Élie, una vez más

Las feministas no nacen, se hacen

BELL HOOKS

El peto y la blusa negra ceñida al cuello.

Las Dr. Martens de segunda mano.

Los pantalones remangados sobre los tobillos.

La bomber y el pelo suelto.

¿Cómo anudar una bufanda con elegancia?

Coger los guantes, pero no el gorro.

Salir a toda prisa dejando que la puerta se cierre al golpe, porque es temprano pero, ya se sabe, la calabaza dura lo que dura...

Bye bye, ciao[1], mami. ¡Te quiero! ¡Hasta la noche!

Ésa eres tú.

Recreo esta imagen tuya en mi cabeza mientras escucho en bucle el álbum *Lemonade* de Beyoncé, Kae Tempest, MIA, Rihanna y Dua Lipa, y las canciones de amor de Dalida y de Lana del Rey.

*

A menudo me preguntan: «¿Qué tipo de madre eres, en tanto que feminista? ¿Cómo crías a tu hija? ¿Qué juguetes le compras? ¿Cómo la vistes? ¿La dejas maquillarse? ¿Qué margen de acción le das? ¿Qué normas sueles marcarle?».

A menudo me preguntan cómo debe educar a sus hijos una madre feminista.

1 En inglés e italiano en el original. (*Todas las notas son del traductor*).

Cómo lo hago *yo*. Contigo.

Pero yo no *hago* nada contigo. No busco hacer de ti nada en particular. No te educo *en tanto que* feminista. No hay discurso, no hay consignas, no hay principios que respetar a toda costa. Sólo palabras que yo te lanzo y palabras que tú me envías en respuesta. En ese viaje de ida y vuelta, nos divierte negarnos a admitir que algo sucede, y ese algo no es otra cosa que el amor.

Te amo y vivo contigo, y lo que más me importa es que existas. Que entiendas que tienes derecho a hacerlo. Que sepas, en lo más profundo de ti, que el mundo es tuyo. Que debe ser tuyo como debe ser de los demás. Que debes poder avanzar en él libremente. Lo que implica creer en él. Lo que implica ser parte de él, simplemente, sin plantearte siquiera la posibilidad de no serlo.

Y lo que, al mismo tiempo, implica estar dispuesta a exigir, a insistir, a reclamar, a indignarte. Algo que, por desgracia, aún hoy, no resulta siempre tan obvio.

*

No sé si tengo lecciones de feminismo que dar. No sé si es lo que hago cuando hablo como feminista. Tampoco sé si, al vivir conmigo, recibes mis ideas por una especie de ósmosis: un feminismo que se infiltre en la mente y el cuerpo y se absorba de manera espontánea.

Nunca he creído que tuviese derecho a decir a las madres cómo educar a sus hijas en el feminismo. ¿Quién puede permitirse afirmar algo así? ¿Desde qué posición y desde qué privilegios? ¿Quién soy yo para atreverme a hacer eso?

Pero lo que sí puedo hacer es hablar de mi vida contigo, de lo que me ha enseñado vivir contigo. De este amor.

*

Entiendo que se pueda decidir no tener hijos. Aún no sé cómo yo misma supe que deseaba tenerlos. Ese deseo llegó porque era claro, nítido, porque era lo que quería.

Lo cierto es que, de pronto, sentí que lo sabía, y sigo refirmándolo a diario.

*

«Hay tantas otras cosas que amar más allá de la propia descendencia, tantas cosas que necesitan ser amadas, y es tanto el trabajo que el amor tiene por hacer en el mundo».

REBECCA SOLNIT

*

Lo que escribo aquí no es ni una guía ni un manifiesto a favor de la maternidad, como tampoco un ensayo sobre la santidad del amor entre madre e hija.

Pero hay algo general que aprender, a mi juicio, de la relación madre-hija feminista. Hay que dejar de pensarla como una excepción y tratar de encontrar en ella una generalidad. Hay que desoír la regla que hace a lo masculino prevalecer sobre lo femenino, invertir las cosas y pensar la relación madre-hija no como una escena psíquica particular o un fenómeno social específico (los libros sobre el tema son numerosos...), sino como un punto de partida para reflexionar sobre cualquier forma de transmisión.

Encontrar en el devenir-madre y el devenir-hija feministas un anclaje político que concierne a todo el mundo.

*

No tengo la intención de erigir un pedestal para colocar en él la maternidad. No es esa historia la que ocupa mi atención. Todas las familias son posibles, no importa quién las imagine, cómo y por qué. Son cosas móviles, variables. Ninguna encarnación familiar es la buena, la única o la última.

Tú tienes un padre, tienes a tu padre, a cuyo lado creces. Y si un día los tres dejamos de compartir la misma casa, él y yo seguiremos no obstante compartiendo el mismo amor por ti. Un amor que te permita existir del mejor modo posible, con lo que él es y lo que soy yo, ínfimas partes de quien eres tú.

Somos una familia común, bastante desarticulada, ni mejor ni peor que las demás porque ninguna es ideal, ni siquiera la que se nos presenta como la familia perfecta. Yo no estoy en posesión de ninguna verdad. Sólo intento escribir sobre lo que puede significar, lo que significa para mí, tener una hija: el hecho de que estés aquí, tú, una adolescente que avanza en la vida a mi lado, tu madre feminista, que intenta por todos los medios robar el tiempo necesario para poner la vida en palabras, para diseccionar la experiencia, para autopsiar lo real.

*

Hoy no has ido a la escuela. Tos, irritación de garganta. Acudo a tu cama para ver cómo te encuentras. Mis labios en tu frente, fiebre, una pastilla, un vaso de agua. Vuelvo a escribir.

Y de pronto, es el día después de tu nacimiento. Afuera, puedo verla por la ventana, se desata una fuerte tormenta. El viento, que no amaina; fractales, espirales, silbidos. Después de la visita del médico y de la medicación; después de que nos hayamos visto forzadas a inaugurar tu vida cada una por separado, temiendo lo peor; después de que hayas llorado durante horas seguidas rechazando el biberón que se te ofrecía aunque estuvieras hambrienta, te traen al fin junto a mí sin que yo pueda entender por qué no lo han hecho antes. La enfermera te deja en mis brazos. No sé si está exasperada o si es que ha visto a tantos bebés, a tantos recién nacidos que es capaz de adivinar su personalidad, pero, como una verdadera hada madrina, esbozando una ligera sonrisa, dice: «¡Ésta viene con las cosas claras!».

*

Durante tu primer año de vida llevé un cuaderno. Solía pegar fotos y mechones de pelo entre las palabras que te dirigía. Palabras torpes, palabras un poco estupefactas, ciegas y temerosas ante el amor que me había invadido, pero necesarias, ahora lo sé, para instalar un *espacio hecho de espaciamientos* (Françoise Collin) entre tú y yo, un lugar donde pudieras respirar.

Palabras, también, de las que dispusieras si mi vida terminase demasiado pronto, para que algo quedase. Aunque no sepa realmente qué ha de quedar de ellas. Qué puede ser traducido. Qué soy capaz de escribir.

El amor se improvisa. Avanza paso a paso, con el tiempo.

*

El hecho de que te haya traído al mundo no significa que me pertenezcas. Nunca has sido mía. Entre el *alien* que movía la piel de mi vientre y la persona que eres hoy persiste una misma y hermosa extrañeza. Eres mi hija, pero no sé exactamente quién eres. Cada vez que te miro te descubro de nuevo. Te reconozco, como cuando nos cruzamos con alguien que no hemos visto en mucho tiempo, con un ligero asombro. La distancia de la fascinación.

Así es también como esta historia empieza, a cada instante.

*

«Llega el encuentro. Y es lo imprevisible mismo. Admitir que todo sea trastornado por este amor, que sobrevenga un tiempo, un espacio nuevo, sin rastro, sin gramática».

Anne Dufourmantelle

*

Siendo tú muy pequeña, cuando empezaste a hablar, dejé de escribir sobre ti. En cambio, comencé a escucharte. En mí se había erigido una especie de ley: no hacer de ti una novela. No inventarte. Me volví hacia otras palabras para dejar las tuyas a un lado, sólo un poco, apenas lo suficiente.

Tú te perteneces a ti misma, y ahora sabes leer, y sabes qué madre tienes, una madre feminista que no suelta prenda. Y quién escribe. Y a quién acabas de dar permiso para escribir sobre ti, aceptando con ello perderme tú también, sólo un poco, apenas lo suficiente.

*

Antes de salir, esta mañana, mientras te ponías el abrigo y las botas, dijiste que tenía suerte de poder quedarme en casa trabajando. «¡Nada que ver con los cuatro pisos del instituto que hay que subir y bajar constantemente!», exclamaste sacudiendo la cabeza.

Te oía y te veía prepararte. Luego te tendí el bolso y te besé en la mejilla.

No te dije que iba a pasar el día esperando tu regreso, tratando de empezar a escribir este libro, algunas palabras sobre la transmisión y el feminismo, sobre lo que significa ser tu madre, y que tú seas mi hija. Lo que significa caminar juntas. Tú dentro de mí. Yo detrás del cochecito. Tú cogiéndome de la mano y saltando para no pisar las juntas de los cuadrados de la acera. Yo con el brazo alrededor de tus hombros o de tu cintura para cruzar la calle. Y ahora, nuestros dos cuerpos juntos, en pie, avanzando a paso parejo, unas veces apoyadas una contra la otra, otras cogiéndonos del brazo, pero mediando siempre una especie de juego entre nosotras, un juego delicado y discreto.

A menudo, no sé quién de las dos es la mayor.

*

¿Dónde termina tu infancia? ¿Cómo era mi vida antes? Me pregunto qué me interesaba, y si ello era escribir, porque las palabras comenzaron verdaderamente a llegar mientras te esperaba y vinieron en ráfagas llamando a la puerta al mismo tiempo que tú, como si fueras un baluarte contra la muerte y el aburrimiento. Como si contigo, poco a poco, hubiese aparecido el compromiso.

Una nueva versión de mí, indignada.

*

Contigo apareció también la urgencia que mueve cada uno de tus pasos y de tus gestos —cómo coges con firmeza el violín, la cámara, los lápices, cómo inclinas ligeramente el rostro hacia delante, concentrada en las imágenes con las que trabajas en la pantalla—. Cómo, de repente, en medio de una conversación, te pones a *dabear*[2], o tu voz cuando cantas, o cuando imitas a «el

2 Anglicismo proveniente de *dab,* paso de baile de estilo urbano muy común entre adolescentes, cuyo origen radica en la escena *hiphop* estadounidense y que consiste

Rubio» de Gad Elmaleh[3] haciendo que tu cuerpo se deslice como si se hubiera desarticulado, o cuando dices *¿en serio?*, *okis*, *me da pereza*, *cuálo*, *meh*, *friki*, *tch-tch*, *me la suda*, o cuando afirmas que algo es *goals*[4] o *tocho*, o cuando me reprochas que te *dé la brasa* o que *pase de ti*, o cuando te disculpas con un *culpa mía* en el momento oportuno, o cuando me *salpicas* o me prohíbes *dejarte con el culo al aire*, o cuando aceptas *¡de una!* llevar a cabo la actividad que te propongo, o cuando *salseamos* y te cuento un chisme que te *mata*. Cuando eso ocurre, pierdo el norte y dejo de saber quién es la madre y quién la hija, y algo de feminista advierto en ello.

*

No sé con certeza en qué se convertirá este librito, que no concibo ni como un manifiesto ni como un diccionario, ni tampoco como una gramática o un tratado histórico: *Érase una vez el feminismo...*

No sé si es una lista de consejos, de instrucciones, de recomendaciones o de explicaciones. Si es mi vi-

en agachar la cabeza y esconderla en un brazo flexionado, mientras el otro se estira en la dirección opuesta. Su uso parece haberse extendido también entre deportistas como gesto de expresión festiva o celebratoria.

3 Monólogo humorístico del cómico, actor y realizador francés de origen marroquí Gad Elmaleh.

4 Literalmente, en inglés, «meta» u «objetivo». Anglicismo empleado en la jerga juvenil para designar aquello que a uno le gustaría lograr o poseer.

sión del mundo, de ti, de mí o de nosotras. Si son retazos de futuro o recuerdos fragmentados. O si, simplemente, es una carta de amor, una extensión del gesto que adopto al abrazarte, al abrazar ese cuerpo largo y delgado que ya no puedo abarcar en su integridad, y que te digo que amaré siempre...

Tratar de escribir este amor, incomparable, y que no tiene nada que ver con tu estancia en mi vientre o con la tempestad de tu llegada. Si he querido escribirte, no es porque tú *seas* yo, sino, precisamente, porque no lo eres.

Estoy intentando pensar qué hay de feminista en ese amor.

*

El amor como manifiesto feminista.

La declaración de amor como manifestación feminista.

¿Podemos pensar en el feminismo sin pensar en el amor?

*

Escribo mientras duermes el sueño de los cuerpos cansados de crecer. Siempre he escrito mientras dormías, esperando a que despertaras. Y a pesar de que ya eres de mi misma estatura, de que desde hace un tiempo bajas las escaleras de la casa precipitadamente y sin mirar atrás, sigo viviendo en la elipsis entre el instante en que aún estás aquí y el instante en que regresarás.

¿Cuántas veces pienso en ti al cabo del día?

Antes, cuando te despertaba, decías con tu vocecilla: «Se me ha perdido el sueño entre las sábanas».

Hoy, sentada a la mesa, la mirada empañada por el sueño, mientras degustas el pan y el chocolate fundido, me haces partícipe del teatro nocturno en el que reproduces e inventas tus propias escenas, en el que depositas tus miedos, tus recuerdos y tus deseos. A menudo te sueñas luchando contra dragones y maleantes, contra injusticias y despropósitos, contra atentados a tu libertad. Te despiertas a medias azorada, a medias llena de asombro. Ésa es la medida de lo que eres capaz de afrontar.

*

Crecí entre el diario de Ana Frank y la historia de Christiane F.[5], entre la revolución feminista y la bomba atómica, los campos de maíz y los sótanos revestidos de madera. Crecí entre la Iglesia y *Allô Police*, Laura Ingalls, Wonder Woman y la mujer biónica.

Tenía ocho, diez, doce años, pasaba horas delante de la tele y mis preferidas, por encima de todas, eran

5 Christiane Vera Felscherinow (Hamburgo, 1962), conocida popularmente como *Christiane F.,* saltó a la fama en 1978 con la publicación del libro *Wir Kinder vom Bahnhof Zoo* [*Los niños de la estación del Zoo*], de Kai Hermann y Horst Rieck, donde la adolescente daba testimonio de su adicción a la heroína así como de sus problemas con la prostitución. El libro fue adaptado al cine en 1981 y, muy recientemente, ha sido convertido en serie televisiva.

ellas, mis *Ángeles de Charlie*. Me enseñaron cómo plantar cara con guante de terciopelo y mano de hierro, cómo imponerse en un mundo de hombres hecho de máquinas, de coches, de metal, sin dejar de ser solidarias.

Cuando me preguntan qué me convirtió en feminista, siempre aludo al ejemplo de mi madre, y también al de mi abuela, esa línea de mujeres a la cabeza, como se suele decir, exigentes, decididas, a menudo duras, a veces implacables. Pero junto a ellas están también las mujeres de la televisión que han contribuido, con su pelo revuelto y su poder de transformación, superheroínas y cuerpos-máquinas, a cavar las trincheras de un nuevo feminismo.

*

Lo más importante para tu abuela era ser independiente desde el punto de vista financiero. Decía: «¡No hay que depender de un hombre!». Yo era muy joven cuando empecé a trabajar: niñera, asistenta, dependienta en una tienda de artículos de belleza, acomodadora en una sala de espectáculos, con mi linternita para ayudar al público a ocupar su asiento. Un trabajo de luciérnaga, como se dice en italiano: *lucciola*.

A menudo me dicen que doy la impresión de no necesitar a nadie por el hecho de ser autosuficiente. Y sin embargo..., sin darme cuenta del todo, te desanimo a la hora de aspirar a granjearte un empleo. Te digo que ir al instituto, hacer la tarea, es de hecho un trabajo, y que tendrás toda la vida para obtener y gastar dinero, pues no tendrás elección, y que por el momento tienes el privilegio de poder prescindir de ello. Lo que implica pensar de otra manera: no tenerlo todo y saber desear.

*

Eran los años 70. Recuerdo mis vaqueros Lois y mis Jordache azules confeccionados en un tejido brillante. Cuello vuelto bajo camisa a cuadros. Zapatillas de correr con plataforma. Pelo corto y pecas. Sonrisa tímida. Me gusta el bosque, la motonieve, las Barbies, la lectura, la costura y los aviones de papel para armar. Hago pasteles de chocolate y macarrones Kraft. Sueño con ser detective privado.

En las fotos, no es posible decir lo que soy. Ese anonimato, esa identidad un poco enmascarada, ese travestismo que me permitía olvidar el *yo*-hija pegado a mi piel, lo perdí en la adolescencia, cuando el uniforme de poliéster de un colegio católico puso fin a mi libertad, él y su dogma de la feminidad, la jerarquía entre las que lo eran y las que no, sostenes, maquillaje, lápiz labial, tacones altos, cintura, nalgas y pechos. En el patio de la escuela del género, yo era una perdedora.

Ésta es mi historia, la de una chica con el pecho plano y las caderas estrechas que siempre tuvo la impresión de que ser femenina era estar disfrazada. Pero eso no me ha impedido aceptar tu deseo de llevar el pelo largo y teñido. No te maquillas. Rara vez te vistes con camisas y faldas ceñidas. Sueles ir en vaqueros, calzada con botas altas con cordones. Tu ropa oscila del negro al blanco, pasando por el gris, algunos tonos de azul o el rojo ladrillo... los tonos que han sobrevivido. Tus blusas son cortas y a veces dejan ver tus hombros o tu ombligo. Despotrico contra el instituto cuando me anuncias que quieren imponer un código de vestimenta para las chicas. Me describes vuestras medidas de presión, cómo insistís, y cómo los chicos, solidarizándose con vosotras, asisten en camiseta o con el torso desnudo.

*

Te pregunto quiénes son tus feministas favoritas.

Hablas de tu amiga Océane riendo plácidamente. Describes cómo camina por los pasillos del instituto como un *bulldozer*, abriéndose paso entre los grupos de chicos que ocupan el espacio. Se alejan de golpe al verla llegar, pegan sus cuerpos contra la pared para escapar de sus codos y sus pies. Han comprendido que el mundo le pertenece.

Te pregunto: «¿Quién más?». Respondes: «Beyoncé; Jo en *Mujercitas*; Tori, la amiga de Tris, en *Divergente*; la pandilla de chicas de 3º de Secundaria que llevan siempre pantalón y chándal y que se dejan ver con frecuencia abofeteando a los chicos».

Y con una mirada un poco burlona, dices: «Y luego... quizá debería añadirte a ti, ¿no?».

*

No sé qué significa todo eso, qué parte corresponde a los demás, qué parte es mía y cuál es tuya. No me pregunto por el grupo. Tampoco me pregunto con quién te identificas.

*

Ambas, tanto tú como yo, lidiamos de continuo con el efecto de arrastre. Y nos burlamos de él. Tú eliges tu ropa con la misma atención que depositas en el encuadre de una fotografía o en la secuencia de un vídeo. Perfilas tu cuerpo como quien aplica color sobre un lienzo.

Cuando eras pequeña y deambulabas por las tiendas, tu mano se estiraba para acariciar las texturas, y tu vocecilla susurraba en tono de admiración: «Es bonito...».

Al igual que hacía yo cuando era niña, me pedías velos, diademas y vestidos de princesas, todo lo que era rosa y violeta. Fui tan feliz poniéndolos entre tus manos como tú al vestirte con ellos. No consideré ni por un momento la posibilidad de prohibírtelos. No me asusté ni pensé que debía temer lo que ello podría significar para el resto de tu vida. Respiré tus sonrisas. Jugué contigo. Recobré mis amores de cuento de hadas.

Hoy puedo leer en tu imagen, vestida de negro, la redención de Maléfica.

Maravillosa Maléfica feminista que viene a deshacer siglos de maternidad emponzoñada. Bruja fabulosa en sustitución de una madre espectral: el verdadero beso de amor es el suyo, el que devuelve a la princesa a la vida y prescinde del príncipe, ese perdedor.

*

Tengo la impresión de haber aprendido desde muy pronto la mecánica de la seducción, como si hubiera entendido desde la más temprana infancia que lo que importaba era existir en la mirada masculina. Leía novelas de amor. Me pasaba horas soñando. Y aunque mi deseo era ya múltiple y no discriminaba entre niñas y niños, asimilé el relato heterosexual que me fue servido bajo todas sus formas desde el biberón. Un relato que te deja más bien indiferente. Estás tan emocionada de encontrarte con un chico que te gusta como de intercambiar una sonrisa con una chica a la que admiras.

Después de haber consumido algunos ejemplos de las mil y una versiones hollywoodienses de la misma historia de amor, me dices que ya has dado la vuelta al círculo. «Se enamoran, se separan temporalmente, sufrimiento y lágrimas, corazones rotos y reencuentros providenciales, para por fin terminar casándose». Bostezas. Te burlas. Haces que el guion se vuelva ridículo. Quitas capa tras capa sus clichés, pero, en un lugar secreto, guardas como oro en paño el amor.

*

«Lo que se entiende mayoritariamente como amor romántico en una cultura patriarcal nos vuelve inconscientes, impotentes, hace que perdamos el control».

BELL HOOKS

*

Seguir siempre tus impulsos, hasta el día en que me pregunte si sabes lo que eso puede querer decir. Cómo te presentas ante los demás. Qué asociaciones suscitan las imágenes. Qué piel quieres poner sobre la tuya, y para decir qué. Cuáles son los límites de lo que estás dispuesta a llevar.

Pero no preocuparte. Tampoco hacerte caer, jamás, en la humillación.

Leer, contigo, un conjunto de signos de los que también forman parte las cosas que nos visten.

*

Leo al mismo tiempo que escribo estas páginas. Busco frases que acompañen mi pensamiento. Comienzo por escritores con libros sobre maternidad, libros que trazan los contornos de una maternidad compleja, imposible, evitada o rechazada. Libros que la cuestionan y la hacen regresar a lo ordinario en lugar de glorificarla. Libros que tiran de nosotras hacia arriba porque nos obligan a pensar. Libros que son piedras entre tú y yo, un camino para alejarnos la una de la otra y volver a encontrarnos.

*

Estamos en 1975, en el ojo del huracán feminista. La periodista Oriana Fallaci, interlocutora de personajes políticos, enamorada de Aléxandros Panagoúlis (activista contra la Dictadura de los Coroneles en Grecia), escribe sobre la maternidad para escribir sobre el aborto, para reflexionar sobre el deseo y el no-deseo de tener hijos: cuán complicado es, cómo se puede saber y no saber al mismo tiempo.

En *Carta a un niño que nunca nació*, habla de lo que implica tomar la decisión de tener o no un hijo, en una época en que apenas comenzamos a decir en voz alta que no es tan simple, que «la verdad está hecha de muchas verdades diferentes entre sí», y de duda.

Oriana Fallaci, filósofa feminista.

Escribe algo prohibido: «No me interesa traerte al mundo basándome sólo en mi convicción. Sobre todo, porque no te necesito para nada». Afirma también que el ser humano es ella, y no el embrión-muñeca de carne y hueso que acaba de surgir en su vientre: «Si logras nacer, nacerás. Si no, morirás».

Hacia el final encuentro esta frase, que capta en pocas palabras la esencia de lo que quisiera transmitirte: «Si pienso, tal vez resista».

*

Alice Walker, escritora y activista, dijo que una artista debe tener un solo hijo, porque con un niño puedes moverte, mientras que cuando tienes varios te conviertes en un blanco fácil.

Por supuesto, una tiene derecho a tener el número de hijos que desee, ya sea o no escritora. El derecho a su cuerpo. Pero yo, después de tu nacimiento, pensé como Alice Walker que era imposible tener dos hijos, que me costaría moverme, que dejaría de tener tiempo, y sobre todo que carecería del que necesito para escribir. Así que tuviste a una madre dividida entre dos pasiones: tú y la escritura. Con frecuencia, ambas a la vez. A veces, también, una en vez de la otra, Roma o Bruselas o Miami en lugar de Montreal. Mis palabras en lugar de las tuyas.

Salvo que, más a menudo, la que prevalece eres tú, sonriente, curiosa, gruñona, enferma o silenciosa, elegida en detrimento de lanzamientos, coloquios, conferencias, mesas redondas, eventos diversos que tendrían por consecuencia alejarme de ti. Casi siempre, en vez de irme, elegí quedarme.

Mi vida dividida en dos urgencias separadas y unidas a la vez.

*

Hay una palabra perfecta para describir lo que siento por ti: *rapto.*

Roland Barthes la toma para describir la herida del amor, esa falla imposible de sellar y «por la que el sujeto fluye, constituyéndose como sujeto en ese mismo fluir».

Tu llegada como un rayo. Tan esperado, tan íntimo, y al mismo tiempo *imagen desconocida.* Puedo contarte una y mil veces, de mil y una maneras distintas, pero siempre serás el «montaje suntuoso de una ignorancia...».

*

Gusta tanto decir que tenemos que separar a los hijos de sus madres. Gusta tanto pensar el amor materno como un peligro y a la madre como un animal que traga, devora, se acapara, se apropia e intenta sin cesar y por todos los medios recobrar dentro de ella al ser que crece a su lado. No se puede confiar en las madres. Se las cree incapaces de separarse, especialmente de sus hijas.

Y sin embargo... este amor es una historia de espacio, de distancia.

Se trata de una escisión, la misma en que el amor se funda, todo amor; también el amor entre madres e hijas.

Gusta decir que hay que separar a las madres y a los hijos, y no decimos lo mismo de los padres, a quienes seguimos pensando como aquellos que cumplen la función de separar. Incluso a los padres de hoy día, que quizá sean cada vez menos diferentes de las madres (al menos eso espero) tal y como a ellas se las imagina. Se dice esto a pesar de la multiplicación de las configuraciones familiares. Se habla de conciliación trabajo-familia, pero se sigue haciendo cargar a las madres con la locura amorosa, privando de ella a los padres. Peor aún, se sigue pensando en las familias a partir de esa imagen, binaria, heterocentrada, de la pareja parental. Una imagen polvorienta y restrictiva, aferrada a un mundo que ya no existe. En esa familia, las relaciones madre-hija son un duelo, un conflicto, una rivalidad marcada por la envidia. En esa familia cinematográfica y televisiva los padres continúan siendo mentores y guías, intelectuales, espirituales, mientras que las madres siguen encargándose del cuerpo.

Quiero reivindicarme también de ese lugar, el lugar del pensamiento, con todas las aproximaciones que comprende, para instalar una filiación entre dos individuos que no son hombres. Para pensar la transmisión entre tú y yo, no sólo como yo-guía y tú-guiada, sino como lo que sucede cuando la que guía comienza a seguir y la que sigue comienza a guiar.

*

«A las nuevas les corresponde determinar si desean la herencia y qué les interesa de ella. A las antiguas les corresponde escuchar la petición, desviar su lenguaje hacia otro lenguaje, en un intercambio en el que cada una, a la vez que se mantiene en lo que es y hace honor a su propia historia, se dirige a la otra y la escucha».

FRANÇOISE COLLIN

*

Se tiende aún a demonizar a las madres y al amor que pueden sentir por sus hijas, tanto más inquietante por cuanto es imposible de medir. Ogresas, madrastras, brujas, profesionales embutidas en trajes sastre de *prêt-à-porter*, todas invasivas, sofocantes, narcisistas, abandonantes, competitivas, envidiosas, madres que vuelven locos a los niños y aún más a las niñas, queridas en exceso o mal queridas, envidiadas, ignoradas, desatendidas...

He leído en *The New York Times* un artículo de la novelista Leslie Jamison sobre cómo las mujeres se convierten en madrastras a la sombra de los cuentos de hadas. Ese cementerio lleno de madres fallecidas durante el parto, sustituidas por madrastras diabólicas que, movidas por la envidia, codician la juventud y la belleza de las hijas y, sobre todo, el amor del padre. Si el padre debe separar a las madres y a las hijas, la madrastra se apropia de él, abandona a la hija y devuelve a la madre al cementerio.

En vez de negociar la imagen de la madre, en vez de verla como alguien que es todo eso a la vez, la cortamos por la mitad y le inventamos un alter ego en el que depositamos todo lo que tememos, la madrastra, que es todo lo que la madre es asimismo capaz de ser, aunque nos neguemos a verlo.

*

A veces pienso que las madres no existen. Las madres que aman, sin más. Esas madres comunes que hacen la comida, porque hay que comer, que visten, que lavan, que cuidan, que abrazan, que miman, sin hacer de ello (para bien o para mal) un acontecimiento. Lo hacen simplemente porque así es la vida que se han comprometido a atender. Madres que cuidan de las vidas que han acogido, que han aceptado o decidido acompañar.

No se trata tanto de elegir entre hacer y no hacer, ni de hacer con pasión, por obligación o incluso por resentimiento. Se trata de hacer todas esas cosas con benevolencia, en ocasiones con un extremo cansancio o con una profunda irritación, resistiendo, e incluso, a veces, de negarse a hacerlo como liberación, pero teniendo siempre por horizonte un mundo en el que el gesto de cuidar deje de ser una suerte de condena asociada a la mujer para incumbirnos a todos, sin discriminación posible. Dejemos de devaluarlo tanto como de sobrevalorarlo. Que se trate de algo normal y necesario para que una sociedad igualitaria pueda respirar.

*

Linda Lê, una escritora que ha decidido no escribir nunca de cara a la galería, afirma en *À l'enfant que je n'aurai pas* [*Al hijo que no tendré*] que no ha tenido hijos porque no habría sabido instaurar en su vida los hábitos necesarios, prepararles sus platos favoritos, llevarlos de vacaciones, encontrar sus regalos de cumpleaños... Se sentía incapaz de construir un universo regido por otros ritos que los de la escritura. Habría sido una madre siempre importunada, dice, una madre que sólo hubiera tenido un deseo: refugiarse en la habitación para trabajar sus frases. Habría temido no poder escribir nunca más, y convertirse en la persona que cuenta Annie Ernaux al recordar sus primeros años como autora, esa madre que intenta escribir durante las siestas de su hijo, esquivando los constantes obstáculos, siempre con otras cosas más importantes que hacer, cosas prioritarias, de forma que la madre que escribe no tiene la fuerza necesaria para imponer su deseo de escribir, el cual termina por parecerle fútil con respecto al resto: la educación de un niño, la subsistencia, la vida material...

He escrito tantas veces antes del amanecer y mucho después de que te quedaras dormida, robando un poco de tiempo a tu siesta y luego a tus juegos infantiles, a tus estancias en casa de tu padre o de tus abuelos, y, en la actualidad, aprovechando tus escapadas con tus amigas, las sesiones de fotos, los trabajos en grupo, las salidas para ver escaparates, mientras me aventuro a dejar constancia de algunas frases, de dos o tres palabras...

*

Tengo una amiga cuya madre, que ha cumplido ya los noventa años, le prohibió durante toda su infancia y su juventud poner un pie en la cocina. Tengo otra amiga cuyas hijas, ya adultas, nunca han sido obligadas a participar en las tareas domésticas. Nada de faenas. Nada de trueques entre el trabajo y la paga semanal. Nada de comerciar con mano de obra en su propia casa.

A veces me enfado un poco; de pronto, me harto y te pido que ordenes, que dobles tu ropa, que apiles tus cuadernos, que despejes la mesa del comedor donde te instalas para trabajar, nunca en tu habitación, salvo cuando hay más gente y esa congregación de adultos no deja de molestarte. Ocupas el espacio. Permaneces en el ruido ambiental, como yo solía hacer a tu edad:

escribir mientras a tu alrededor todo el mundo parlotea y pulula por la casa. No poder estar sola.

Pero no lavas los platos, no sabes cocinar, ni coser, ni tejer, sabrías hacerte la comida en caso necesario, pero la verdad es que todo eso te trae al fresco, la pasta, los sándwiches a la parrilla, los pasteles, las ensaladas de frutas. Y tienes razón. No tienes que aprender a mantener la casa. Una casa es un lugar donde dormir y escribir. Las comidas están hechas de alimentos cuya función es nutrirnos. A veces todo eso me resulta agradable y a veces profundamente desagradable, una fuente de felicidad tanto como una carga de enorme pesadez. Y no quiero compartir esa pesadez contigo, ni imponértela. Es una forma de decirte que tienes toda la vida para empezar a hacerlo, que, de cualquier modo, todo llegará, y no tendrás elección, pero tampoco tendrás que depositar en ello tu identidad. Es una manera de relativizar las cosas, de inocularte un poco de libertad.

*

No sé qué tipo de vida vas a llevar, pero espero que nunca olvides que tienes derecho a cambiar de rumbo. El derecho a decirte, un día, mirando a tu alrededor: "Ésta no es mi vida". Y a hacer cuanto sea posible para volver a ponerte en movimiento y respirar de nuevo.

*

El 11 de octubre de 2016, la ONG Save the Children publicó un estudio sobre la salud, la educación y las perspectivas de las niñas en ciento cuarenta y cuatro países. El análisis tiene en cuenta el matrimonio precoz, la educación escolar, los embarazos de adolescentes, la mortalidad materna y la proporción de mujeres en el Parlamento. Canadá ocupa el décimo noveno lugar en la lista debido al gran número de embarazos de adolescentes y a la baja tasa de participación de las mujeres en la política. El informe tiene por objeto comprender cómo se excluye a las niñas y cómo se las priva de su autonomía.

Si algún día decides incluir a los niños en tu vida, recuérdate a ti misma que de eso se trata, como escribe Toni Morrison en relación a las madres que tienen hijos cuando son aún muy jóvenes y se teme que destruyan su futuro. Chicas demasiado jóvenes para tener hijos que, por esa misma razón, son desacreditadas, abandonadas, en vez de ser ayudadas para que se conviertan en lo que quieren ser no a pesar de, sino *con* su hijo. Pues de todos modos, escribe Morrison, «dos padres no tienen necesariamente por qué criar a un hijo mejor que uno solo. Se necesita toda una comunidad —a todo el mundo— para educar a un niño (...). Esa criatura no les hará ningún daño. Por descontado, les consumirá mucho tiempo, sí, ¡pero a quién le importa cuántas horas se empleen! (...) Puede ser profesora. Puede ser neurocirujana. Tenemos que ayudar a esas crías a ser neurocirujanas (...) Ésa es la actitud que hay que tener ante la vida».

Lo que Morrison dice sobre las madres adolescentes vale para todas las madres. Dejemos de pensar en la maternidad como una experiencia individual. Y dejemos de pensar tanto en una cosa como en la contraria: en que tener un hijo le da todo su sentido a la vida, y en que tener un hijo acaba por destruirla.

Hay que amar a las madres para que éstas puedan amar a sus hijos.

*

En su diario íntimo, la gran ensayista Susan Sontag hace una breve lista de reglas para educar a su hijo.

1. Ser coherente.

2. No hablar de él a los demás (por ejemplo, contar cosas graciosas) en su presencia. (No cohibirlo).

3. No elogiarlo por algo que yo no siempre juzgaría bueno.

4. No amonestarlo con dureza por algo que se le ha permitido hacer.

5. Rutina diaria: comer, deberes, baño, dientes, habitación, cuento, dormir.

6. No permitirle que me monopolice cuando estoy con otras personas.

7. Siempre hablar bien de su papá. (Sin muecas, suspiros, impaciencia, etc.)

8. No desalentar sus fantasías pueriles.

9. Hacerlo consciente de que hay un mundo de mayores que no es de su incumbencia.

10. No suponer que lo que no me gusta hacer (bañarme, lavarme el cabello) a él tampoco le gustará.

Me digo que, si tuviera que elaborar una relación de lo que quiero hacer, de lo que creo que se debe hacer cuando se intenta ser una madre feminista, ¡la lista se extendería hasta el infinito!:

1. Amarte sabiendo que no puede ser demasiado, que no se puede amar demasiado, sólo no lo bastante, y a veces mal.

2. No criticar tu cuerpo. No encontrarle defectos. No bromear haciendo hincapié en un rasgo físico, no burlarme de ti, ni siquiera con cariño, porque ya demasiadas cosas nos fuerzan a odiar nuestro cuerpo y a detestarnos a nosotras mismas.

3. Nunca jamás humillarte.

4. No restar importancia a lo que más te interese. No decirte, desde lo más alto de lo que podría concebir como el podio de mi experiencia, que es cosa de adolescentes y que ya pasará. Tratar de ponerme en tu lugar. Amar contigo las estrellas que dan brillo a tus ojos. Escuchar tus listas de reproducción. Aprender tu vocabulario. Interesarme verdaderamente por lo que haces. Pedirte que me enseñes.

5. No hacerte sentir vergüenza, incluso si eso significa alejarme. Por ejemplo, no besarte, aunque me apetezca, al despedirme de ti en público.

6. Retener a la leona que hay en mí y que quiere saberlo todo y vigilarlo todo.

7. Escucharte, incluso distraídamente. Y cuando, con razón, me reproches no hacerlo, admitir que no te estaba escuchando con atención.

8. Admitir que me he equivocado cuando ése sea claramente el caso.

9. Aceptar la reconciliación incluso cuando, más bien, quisiera apartarme para hacerte pagar un poco

un comportamiento que, sin embargo, no deja de ser propio de tu edad.

10. No caer en el resentimiento.

11. Mostrarte, viviéndolas, que las cosas pasan.

12. No caer en la agresividad inconfesada que se esconde bajo la pasividad.

13. Ser clara.

14. Reconocer que tu lectura de mi comportamiento es justa, que eres lúcida, aunque eso signifique tragarme el orgullo.

15. No criticar mi propio cuerpo delante de ti. No decir que no soy lo suficientemente delgada, o lo suficientemente firme, o lo suficientemente guapa. No quejarme de mi envejecimiento. (Bueno, ¡ya sabes que eso no puedo lograrlo tan fácilmente!)

16. Aceptar que te burles de mí.

17. Esperar antes de reaccionar. Alejarme un poco. Respirar.

18. Confiar en ti.

19. Encontrar las palabras para advertirte de los peligros sin aterrorizarte.

20. Hacer un buen uso del humor. Trivializar las cosas mediante el lenguaje para bajar la tensión, disminuir la carga, la intensidad.

21. No ser falsa.

22. No actuar como una niña.

23. No esperar de ti cosas que no puedes decir o hacer a tu edad.

24. No olvidar que tienes la edad que tienes y que hay imágenes e historias que no te conciernen. Mi papel es, ante todo, protegerte de lo que pueda dañarte de forma irreversible.

25. Intentar preservarte el mayor tiempo posible en la infancia. No tratar de evitar que crezcas, pero negarme a acelerar el tiempo para liberarme a mí misma de ciertas responsabilidades.

26. Aceptar el tango que es la adolescencia, idas y venidas al exterior y al interior de la infancia, inciertas idas y venidas entre la partida y la llegada.

27. No decirte que eres una chica. No recordarte que eres una chica. No permitirte o prohibirte nada *porque seas una chica.*

28. No compartimentarte. Más bien: siempre abrir.

29. Evitar preguntarte qué chico te gusta, como se tiende a hacer hoy desde que las niñas entran en la guardería. Sugerirte más bien la multiplicidad de lo posible: "¿Estás enamorada...?". "¿Con quién has jugado hoy...?". O mejor aún: no preguntar nada. No encerrarte en la jaula de un futuro ya diseñado de antemano. Nunca dar nada por sentado ni proyectar sobre ti la persona que creo que eres, o la que soy yo, o la que tú serías si correspondieras a cualquier patrón preestablecido de la feminidad.

30. Multiplicar los casos cuando se habla de parejas, de alianzas, de padres, de familias. Trabajar duro para hacerte entender que mereces ser querida.

31. Recordarte quién eres: blanca, nacida con un cuerpo bastante sano, en una familia de clase media, en un territorio donde ya vivían otros pueblos y que tus antepasados europeos colonizaron. Recordarte que, a pesar de todos los escollos, de todos los peligros, de todos los riesgos y de todo aquello de lo que podrías carecer, eres una privilegiada.

*

¡Cuántas veces he oído decir: «¡Quiero ponerme en huelga!». Y tú, hace unos años, cuando te sentías al límite, cerrabas la puerta de tu habitación después de pegar sobre ella una hoja de papel que decía: *Fuck la vie*.

Tu abuela, cuando yo era adolescente, después de quince años de comidas, lavandería, tiendas de alimentación, limpieza, planchado, mocos, deberes escolares firmados, organización de excursiones, fiestas de pijama, cumpleaños, compras de ropa devuelta de inmediato por no irme bien de talla, noches sin dormir, cacas de perro recogidas, flores regadas, idas y venidas interminables, estanterías desempolvadas, paredes pintadas, agujeros tapados, cuitas de amor consoladas... tu abuela, decía, amenazaba a veces con ponerse en huelga. Pero no lo hacía. No realmente. Ella nunca nos abandonaba.

Tú te las arreglas para resistir. Con tus auriculares en los oídos, me das la espalda, te escondes debajo del pelo, haces como si no me hubieras oído, pones un poco de orden en tu habitación, tocas el violín, repasas tus pasos de baile, guardas tu ropa, juegas con el perro. Cuando insisto demasiado, sales de la habitación en la que estoy, con el ordenador en las manos y un paquete de galletas y un vaso grande de agua. Pasas delante de mí como si no estuviera allí, yo la ley, yo el jefe, yo que soy por mí sola todo un consejo de administración.

Nunca sé bien cuándo se suspende tu huelga, en qué momento eliges volver a frecuentar el salón. Pero sé que no sirve de nada seguir haciendo llover mis órdenes sobre ti, porque tú eres la que tiene la sartén por el mango. Y lo digo sin pensar que seas parte de esos a quienes se suele llamar «niños-reyes». Es algo que tú no eres. No eres una niña-reina. Eres mi hija y, en tu mundo, la reina, para bien o para mal, soy yo. Así que tienes que enfrentarte a mí, y cuando lo haces tu huelga surte el efecto de devolverme la imagen de mi propio poder. Y tengo para mí que ser una madre feminista, *tu* madre feminista, tiene en gran parte que ver con todo ello.

*

Espero, en el fondo, que sigas poniéndote en huelga. Espero que sigas esgrimiendo tu *fuck la vie* con ese gesto de resistencia, brillante por despreocupado, un poco ausente, a medias comprometido, revoloteando en torno a ti. Una huelga para recordarme quién eres.

*

¿Qué pasaría si las americanas se pusieran en huelga, pregunta la periodista Marcie Bianco? Si el 48% de la mano de obra dejase de trabajar no estaríamos ante una recesión, dijo, sino ante una depresión. Dado que las mujeres constituyen las dos terceras partes de la mano de obra con salario mínimo, es difícil pensar que el mundo marchase bien si dejaran de trabajar de repente.

Te he hablado de esas veces en que las mujeres se han puesto en huelga de forma colectiva, en que han hecho huelga entre mujeres o como mujeres. En 1937, por ejemplo, en Montreal, durante la Huelga de las Modistas, cuando cinco mil trabajadoras de la confección tomaron la calle para obtener el reconocimiento de su sindicato y mejorar sus condiciones laborales. Y en 1984, cuando las trabajadoras de Eaton se declararon en huelga durante seis meses. A través de los tiempos, se han sucedido huelgas de camareras de piso, de enfermeras, de parteras, de maestras, pero también huelgas de mujeres que ponían en suspenso su relación sexual o sexualizada con los hombres. Ya en la antigüedad, Aristófanes hizo de ello la premisa de una obra cómica: ¿podrían las mujeres, al abstenerse de tener sexo, convencer a los hombres de poner fin a la guerra?[6] Virginia Woolf proponía algo similar en *Tres guineas* con su sociedad de las marginadas: detener la guerra no oponiéndose a ella, sino negándose a participar en las estructuras que sustentan su ejecución. En 2012, en su película *La fuente de las mujeres*, Radu Mihaileanu relata una huelga sexual encabezada por las mujeres de un pequeño pueblo de África del Norte para obligar a los hombres a recoger el agua de un pozo situado en la montaña, un trabajo ingrato y peligroso. La ficción de Mihaileanu se une a un acontecimiento histórico: en Burkina Faso, en 1984, se organizó un día de mercado y cocina *para los*

6 Alude Delvaux a la comedia *Lisístrata*, en la que las mujeres espartanas y atenienses se unen en una huelga sexual para que los varones se avengan a acordar el fin de la guerra del Peloponeso.

hombres. «No pueden operarse cambios fundamentales sin recurrir, de vez en cuando, a una cierta dosis de locura», decía el presidente de la época, Thomas Sankara, y aquel día esa dosis de locura pretendía impeler a los hombres a llevar a cabo algo que las mujeres hacían a diario: ir al mercado y preparar la comida. Por último, pienso en Islandia, donde el 24 de octubre de 1975 veinticinco mil mujeres (una décima parte de la población del país, en aquel momento) se reunieron para protestar contra la desigualdad económica con respecto a los hombres. Este *día de vacaciones* tuvo un efecto importante no sólo en las conciencias masculinas, sino también en la movilización feminista. Cinco años más tarde, una mujer fue elegida presidenta del país, la primera en todo el mundo.

Quiero pensar en tus huelgas como en esas huelgas de mujeres que se hacen quizá no tanto *contra* el poder de los hombres sino más bien *frente* a él, es decir, en pie frente al *boys club*[7], como en un espejo, para devolverle la imagen de su propio rostro: el rostro de un poder excluyente y no mixto.

7 En inglés en el original. En 2019, Delvaux publicó un ensayo de título homónimo en el que, analizando las representaciones visuales de las que hace uso el cine y la televisión, delata la existencia de una suerte de asociación patriarcal de la que participan el Estado, la Iglesia, el ejército, la universidad, las hermandades o las empresas, y que detenta un poder sin alternancia del que las mujeres quedan excluidas.

Se necesitan huelgas de mujeres para oponerse a la no diversidad del mundo en que vivimos. El hecho de reunirnos estratégicamente las unas con las otras *frente a ellos* resulta relevante no porque se les odie en conjunto, ni porque se considere que su presencia es inútil en el seno de las luchas feministas o en la vida diaria, sino porque, al hacernos ver, podremos al fin hacernos oír.

*

Me gusta la palabra inglesa *strike. To strike*. Que quiere decir a un mismo tiempo «golpear» (como en una pelea o en el béisbol *—three strikes, you're out—*); «tachar» (como en *to strike through*); «encender» (como en *to strike a match*); «descubrir»; «causar buena impresión», o ser incluso particularmente «hermosa» o «atractiva» (como en la expresión *she is striking*); «estrellarse contra algo», «trabajar mucho» en algún empeño y también, paradójicamente, «dejar de trabajar», «ponerse en huelga». Cuando las mujeres hacen huelga, están haciendo más de una cosa a la vez. Cuando las mujeres hacen huelga están quizá en pie de guerra, lanzando algo parecido a un ataque militar sin más armas que su negativa a hacer todo aquello que normalmente hacen y por lo que rara vez se les paga, todas esas cosas que pasan desapercibidas y que sólo así, acaso, se ponen de manifiesto —el trabajo, el esfuerzo, el compromiso, la entrega—. Las mujeres trabajan mucho cuando están en huelga. Trabajan duro en no hacer lo que les han enseñado a hacer y con lo que vienen cumpliendo desde hace siglos, no porque sea natural para ellas, ni necesariamente de su gusto, sino porque, muy a menudo, si ellas no lo hacen nadie lo hará, y porque esas tareas han sido cuidadosamente organizadas para hacerles creer que estaban en el núcleo de su identidad.

Hacer huelga no es hacer *nada* como tampoco es algo que esté exento de esfuerzo. Antes al contrario, hacer huelga exige coraje y determinación. Se necesita confianza, esperanza y, sobre todo, creer que somos más fuertes juntas, comprometidas en una lucha común, en pie y codo con codo.

*

Al inicio de su *Carta a mi hija*, la carta a una hija que no tuvo, pues no dio a luz más que a un único hijo varón, Maya Angelou, poeta y figura mayor de la lucha por los derechos civiles en los Estados Unidos, da las gracias a todas las mujeres que se ocuparon de ella, y también a aquellas que aceptaron sus propios cuidados. Afirma tener miles de hijas, «Negras y Blancas, Judías y Musulmanas, Asiáticas, Latinas, Amerindias, Aleutas. Sois gordas y flacas, guapas y vulgares, homosexuales y heterosexuales, educadas y analfabetas, y me dirijo a todas vosotras. Aquí tenéis mi ofrenda».

Hacia el final de su vida, Angelou escribe unas memorias llenas de consejos dirigidos a las que las leerán: «Haz todo lo posible para cambiar las cosas que no te gustan. Si no puedes cambiarlas, cambia entonces tu modo de aprehenderlas. Ya encontrarás una solución. Sin gimoteos. Gimotear sólo hará saber a la bestia que su presa está cerca. Asegúrate de no morir sin haber hecho algo maravilloso por la humanidad».

No sé lo que vas a hacer ni en qué te vas a convertir. Todo lo que deseo es que esa *maravilla* vaya acompañada de una pasión, de algo que te haga vibrar y que dé impulso a tu vida, porque siempre querrás volver a ello.

Yo habré albergado la pasión de la escritura, y la del feminismo. Habré vivido en este mundo para poder escribirlo. Para encontrar una forma de traducir la vida. De dar cuenta de ella. Una forma, también, de escribir el feminismo.

Y, por añadidura, habré sido tu madre. Acaso no *una* madre cualquiera, pero sí ciertamente, apasionadamente, la tuya.

*

Creciste en un mundo de mujeres, cosido con historias escritas por mujeres, imágenes labradas con sus manos y canciones interpretadas por sus voces. Mujeres diversas, nacidas con cuerpos de mujeres o que se convirtieron en tales, o que realmente nunca llegaron a serlo. Creciste con Madeleine, Ceri, Michèle, Valérie, Brigitte, Paige, Rosine, Jacqueline, Hejer, Monique, Isabelle, André-Line, en ese mundo que forjé con las personas que quiero y que forman parte de nuestras vidas.

Un día, en tono de burla, preguntas: «¿Los odias a todos, o solamente a los hetero-machos?».

Pienso en esas frases de Virginia Woolf en *Una habitación propia*, en las que afirma que, si su odio y su amargura cesan al fin, es sólo porque tiene asegurados techo y comida para siempre. Es en ese momento cuando repara en que no necesita odiar a los hombres, pues no pueden herirla, y en que del mismo modo no precisa halagarles, pues no tienen nada que ofrecerle. Es entonces cuando puede adoptar «una nueva actitud hacia la otra mitad de la especie humana y experimentar la mayor liberación de todas, la libertad de pensar directamente en las cosas».

*

Sí, creciste en un mundo de mujeres. Mujeres nacidas con órganos así llamados femeninos, o que optaron por vivir como mujeres. Mujeres que aman a los hombres, mujeres que prefieren a otras mujeres, mujeres que se niegan a elegir. Mujeres para las que es importante ser una mujer, y mujeres para las que ese hecho no significa nada. Mujeres que han elegido ser madres, que han tenido o adoptado un hijo, y mujeres que han decidido no serlo, no hacerlo. Mujeres, madres o no, que en todo caso no han tenido oportunidad de elegir, o que han optado por no ejercer elección alguna.

Creciste en ese mundo. Eres la hija de todas esas mujeres. Dejarte crecer en ese ambiente no tenía por objeto hacerte odiar a los hombres, por hablar en los términos que emplea Virginia Woolf y de acuerdo a una división caricaturesca del mundo. Se trataba de invitarte a desarrollar tu autonomía, de que no crecieras en la comparación, en el examen, en el contraste entre lo que es grande y lo que es pequeño. «Ese deseo profundamente arraigado en el hombre no tanto de que *ella* sea inferior», como escribe Woolf, «sino más bien de ser *él* superior».

Pero, del mismo modo, el hecho de haber crecido así no te permite estar *orgullosa* de ser una chica. Algo del tipo: "Me enorgullezco de lo que he logrado, me enorgullezco de mi país, me enorgullezco de los y las que se parecen a mí porque considero que somos lo mejor de él, me enorgullezco de asociarme con ellos, me enorgullezco de cuanto suscita en mí la impresión de embellecer la imagen que tengo de mí misma".

*

El orgullo: una emoción que en realidad desconozco, creo. No me siento orgullosa. Ni de ti, ni de mí, ni de nada. El orgullo no tiene significado alguno, en puridad.

¿Cuántas veces he oído exclamar en relación a ti?: «¡Qué orgullosa debes de estar...!». (Nunca supe si debía estarlo de ti, en tanto que eras *mi* hija, o de mí, en tanto que yo era *tu* madre).

Para mí, el orgullo es lo que sentimos al considerar que algo o alguien nos pertenece. Cuando, de hecho, exhibimos el objeto de nuestro orgullo y, observando el resultado, decimos: «¡Lo he conseguido!». Y tú no eres un resultado. No me perteneces. Si hay algo que me has enseñado es justamente eso, desde la última mañana en que te di de beber de mi propio cuerpo y te pedí, también, que me dejaras separarme un poco de ti, porque estaba exhausta. Ser tuya con un poco más de distancia.

Tú nunca has sido mía. Te llevaré conmigo el resto de mi vida, desde el lugar más cercano al más lejano. Pero tú no tienes que llevar*me* a mí.

*

Eres mi hija y, a tu alrededor, están todas esas chicas con las que he hablado desde antes de que nacieras, las que han sido mis alumnas, las que lo son hoy, y también las amigas, las compañeras perdidas o conservadas o encontradas, pero que nunca han dejado de habitar en mí.

Ahora también están las que te rodean a ti. Esa extensa familia a la que me invitas a pertenecer, tus compis, tus amigas, tus enemigas, tus almas gemelas, tus *alter ego*, tus némesis, todas las versiones posibles e imposibles de lo que eres o quieres ser, todas las que imaginas. Las Simone, Thalia, Lili, Océane, Arwen, Anastasia, Hannah, Sasha, Dalila, Ashley, Jan que existen una junto a otra, cuerpo con cuerpo, con los Matéo, Jad, Mehdi, Léo, Kaiesh, Elliot, Félix, Neko. La manera en que vuestros ojos se cruzan, se escrutan, se chocan, se admiran, se aprenden. Todas esas vidas entrelazadas que te hacen salir de tu propio centro.

Os miro por la ventana y veo cómo bailan vuestros cuerpos. Sabes que no se trata de vigilancia, sino de admiración.

Se habla de diversidad, de lucha antirracista, antifascista, y sois vosotras quienes tenéis el poder de liderarla en los pasillos del instituto, en las aulas, en los hilos de Instagram y a golpe de *stories* en Snapchat. Es a vosotras a quienes los profesores deben escuchar. Este mundo tiene mucho que aprender de ti.

*

Llegas a casa y sueltas bruscamente sobre la mesa el libro que acabas de sacar de tu bolso. Exclamas con furia: «¡Otro donde los héroes son chicos blancos, y donde las chicas son madres o están muertas!».

*

Cuando llegó el momento de elegir tu nombre, tu padre y yo nos pusimos de acuerdo en escoger uno con el que pudieras jugar. Un nombre que contuviese otros nombres. Un nombre que pudieras modular para cambiar tu identidad. Un nombre, que es tuyo, cuyo color aún puedas elegir hoy. Éléonore se convirtió así en Lili, Lilou, Léo, Éléo, pero, sobre todo, se convirtió en el nombre que ahora prefieres usar, sin un género determinado: Élie.

*

«Si me pidieran que me definiese de verdad, no empezaría por la raza; no empezaría por el color de la piel; no empezaría por el género; no empezaría por el feminismo. Empezaría por desprenderme de todas las capas hasta lo que fundamentalmente da sentido a mi vida: el hecho de que soy una buscadora en mitad del camino. Creo que el feminismo y las luchas antirracistas forman parte de ello. Pero donde me encuentro espiritualmente, y por entero, es en un camino que tiene que ver con el amor».

Bell Hooks

*

No rechazo la identidad que fue adherida a mi cuerpo o que corresponde a los órganos genitales con que nací, a ese género así llamado femenino. Sin embargo, nunca diría a guisa de afirmación: «Soy una mujer».

Tengo la piel blanca, he cursado estudios avanzados, soy profesora universitaria, formo parte de ese segmento de la sociedad que no carece de nada y cuyos sufrimientos siguen siendo los sufrimientos de personas privilegiadas. Por eso, en nuestra casa, entre los muros de nuestra casa, no habría tenido cabida bandera alguna, ni aun la que representa el hecho de ser una chica y sentir orgullo por ello.

Deseo que el mundo en el que vas a vivir, y que vas a defender, no albergue a una sociedad privada de *nosotros*, como escribió Marguerite Duras en 1985[8]; deseo que no sea una sociedad «sin autores, sin poetas, sin novelistas, sin filósofos, sin verdaderos creyentes, verdaderos cristianos, sin judíos, una sociedad sin judíos, ¿me oyes?, sin árabes, sin negros, sin magrebíes, sin guineanos, sin, digámoslo de una vez, internacio-

8 «*La droite la morte*», publicado en *Le Monde*, 17-18 de marzo de 1985.

nalidad...». Deseo que no sea «una de esas sociedades regionales que nunca zarpan hacia el exterior, que se quedan sentadas ante su propia puerta esperando la muerte».

El mundo descrito por Marguerite Duras, propio de una derecha mórbida, es un mundo fóbico encastillado en el miedo. Y el miedo se aferra a cualquier cosa que no sea blanca o lisa o predecible. A todo lo que no alimente nuestra complacencia y nuestra suficiencia: la arrogancia de lo que se concibe como un centro. El miedo se aferra a todo lo que no se corresponde con los consabidos «érase una vez», historias ya gastadas y previsibles. A cualquier cosa que parezca molestarnos por el mero hecho de sacarnos de nuestras trincheras o ponernos contra la pared.

Pero, si elegimos abrir esa puerta de la que habla Marguerite Duras, avanzaremos hacia un *nosotros* que no busca excluir a nadie.

*

Nunca te he visto fruncir el ceño ante las diferencias, cualesquiera que éstas fuesen. No has dado pie a las ideas preconcebidas, al rechazo, al prejuicio, al odio. Cuando eras pequeña, no hablabas de tus amigas haciendo referencia al color de su piel. Nunca cuestionaste las identidades trans o la homosexualidad porque ambas entraban en el orden de lo posible. Las parejas de mujeres o de hombres no estaban menos enamoradas que las parejas heterosexuales, las familias sin papá o sin mamá no eran menos familias, las mujeres o los hombres trans no eran menos hombres o mujeres, y los individuos que no se encontraban en una u otra parte de la organización binaria del mundo no eran sospechosos de nada. Nunca te has girado a mirar a una persona con diversidad funcional o cuyo cuerpo no corresponde a las imágenes del cuerpo más frecuentemente transmitidas en nuestra sociedad. Muy pronto comprendiste la diversidad del mundo, y, en las contadas ocasiones en que volviste de la escuela con prejuicios en la mochila, nos tomamos el tiempo necesario para vaciarla.

Encontrar el tiempo. Nunca dejes de hacerlo por cansancio, o por pereza, o pensando que todo pasará. Nombrar las cosas para que dispongas de otra sintaxis, de otra gramática: palabras alternativas a las aprendidas en la escuela y los anuncios, al rumor del discurso ambiente.

*

Pese al efecto de enraizamiento que sentí al empezar a vivir contigo, pese a la sensación de no tener tantas ganas de moverme de aquí, de cambiar de lugar, de marcharme, cuando esas ganas nunca me habían faltado hasta entonces... Pese al hecho de que, de repente, todo lo que quería era permanecer en el mismo sitio, porque tú estabas ahí..., no encarnas *mi país*.

Oigo el eco de las palabras de Virginia Woolf en *Tres guineas*: «Como mujer, carezco de país; como mujer, no quiero ningún país; como mujer, mi país es el mundo».

*

«La noción de amor tiene que ver con la idea de una hospitalidad incondicional».

ANNE DUFOURMANTELLE

*

Las semanas pasan. Sigo leyendo para seguir escribiendo, para pensar en lo que significa escribir este libro quizá menos escrito *para* ti que *hacia* ti.

Me digo que, si leyeras estas páginas hoy, probablemente las recorrerías en un visto y no visto. Leerías algunas partes con atención, y otras distraídamente, porque serían una fuente de aburrimiento para ti, pero también me digo que, ahora, estas palabras existen, que están ahí, en el mundo, un poco como se deja un testamento. No son en modo alguno mis *últimas palabras*. Son palabras que trazan líneas hacia ti, y que desde ti se expanden hacia el exterior. Palabras para que vivas en este mundo con delicadeza, con conciencia de quién eres, del lugar que ocupas y de los gestos que adoptas. En este mundo tal y como es: frágil, violento, exigente.

Es por eso que, cuanto más avanzo en estas páginas, más militantes se vuelven los libros que me habitan: libros de feministas negras americanas que, nombrando las cosas, desplegando la historia, escribiendo acerca del lugar que ocupan, del que se les ha atribuido y del que ellas mismas han decidido tomar, me devuelven lenta y firmemente al mío propio.

*

Son esas mujeres las que me enseñaron a ver el mundo, ésas y otras mujeres como Maryse Condé, Jean Rhys y Jamaica Kincaid las que me enseñaron a pensar en las raíces como en las estructuras que pueblan los manglares, multidireccionales, entrelazadas, recorridas de nudos; raíces múltiples y complejas. Si piensas en las tuyas de esa manera, te librarás de la enfermedad de los orígenes.

No hay nada que defender, ni lengua, ni nación. Hay que resistir a la tentación de las identidades hegemónicas, y a calzarse los pantuflos del privilegio. Hay que oponerse sin cesar a las dominaciones y a las desigualdades.

*

Nuestras «comunidades imaginadas», para retomar la expresión de Benedict Anderson, esas *naciones* a las que se nos invita a adherirnos a golpe de recuerdos, así como a golpe de olvidos bien calculados, el genocidio amerindio, la deportación transatlántica de los subsaharianos, la compleja acogida de los/as refugiados/as, el racismo ordinario... esas comunidades que se deleitan en una identidad fantasiosa son también trampas.

*

«Lo mejor Para muchos Es superar los Gastados límites de la nación Ampliar la mirada Lo mejor para muchos Es trascender el color Que se entienda Que no se trata de raza Que no se trata de biología Sino de cultura De pertenencias contiguas en sí mismas De Historia De la memoria de un encuentro al que es imposible volver. [Dar a luz] al futuro».

LÉONORA MIANO

*

Ser feminista no es, como a algunos les gusta caricaturizar, complacerse en una posición de víctima. Ser feminista es permanecer vigilante, curiosa y atenta, crítica y desconfiada ante los discursos dominantes. Es mirar hacia atrás para ver con más perspectiva lo que está por venir, y seguir soñando, con palabras y gestos militantes, un mundo más tolerable, un mundo en el que viviríamos decididamente mejor.

Ser feminista es ser una aguafiestas, escribe Sara Ahmed; convertirse en feminista es elegir, mientras sea necesario, continuar estudiando. Ocupar el lugar no de alguien que lo sabe todo (como se reprocha con demasiada frecuencia a las feministas), sino del aprendiz, de la persona que intenta comprender sin cesar.

*

Black Lives Matter fue fundada por Patrisse Cullors, Alicia Garza y Opal Tometi tras la absolución de George Zimmerman, acusado de haber matado al adolescente Trayvon Martin.

*

Julio de 2016. Nos encontramos en Detroit cuando unos agentes de policía son tiroteados en Dallas a manos de Micah Johnson, un veterano de guerra de raza negra que se subleva contra la violencia de la que los suyos son objeto, después de la muerte de Alton Sterling en Baton Rouge y de Philando Castile en Falcon Heights, las víctimas más recientes de esa matanza de hombres negros que sigue produciéndose en Estados Unidos de forma sistemática e impune. Micah Johnson mató a cinco policías e hirió a varios más. A él lo mataron por medio de un robot dirigido por control remoto y armado con una bomba. Micah Johnson como un territorio extranjero atacado por un dron.

Pienso en Günther Anders, que subraya, en *La obsolescencia del odio*, la facilidad con que se mata a distancia: cuanto más lejos está la víctima, menos se considera un cuerpo humano y más fácil resulta quitarle la vida.

Al asistir a todo ello ante la televisión, me eché a llorar. Tú estabas haciendo las maletas. Pusiste los ojos en la pantalla durante un largo instante. Tu cuerpo se estremeció. Bajaste la cabeza sin decir nada y seguiste doblando la ropa. Durante quince días, entre Detroit y Chicago, pese a tus trece años de infancia protegida, intenté hacerte escuchar esta insoportable verdad: no todas las vidas importan lo mismo, y se diría que algunas son más iguales que otras. Ser feminista es trabajar desde esa conciencia. A través de la lucha por los derechos de las mujeres, luchar por defender todas las vidas.

El feminismo nunca ha matado a nadie. Sin embargo, ha participado en la invisibilización de algunas mujeres: de ahí la obligación actual, como feministas, de «dirigir la atención del capitalismo, del racismo, del colonialismo y del poscolonialismo hacia el problema del hándicap, y de incluir en él géneros y sexualidades que no podemos siquiera imaginar» (Angela Davis).

Hay que establecer relaciones entre las cosas, leer las vidas situándolas en el interior de un lienzo cuyos hilos se entrecruzan, verlas quizá como una serie de acetatos superpuestos, y pensar el feminismo como una manera de evidenciar la complejidad de lo que marca y condiciona nuestras identidades, de esa red de fuerzas dentro de la cual se nos inventa y se nos crea. Tratar de leer no sólo los individuos aisladamente considerados, sino el sistema al completo.

*

«Si, en efecto, todas las vidas importasen por igual, no tendríamos necesidad de insistir en que "las vidas negras importan". O, como se puede leer en el sitio web del movimiento Black Lives Matter: en que las mujeres negras importan, en que las niñas negras importan, en que la vida de los gais negros importa, en que la vida de las/os bisexuales negras/os importa, en que los chicos negros importan, en que la vida de los *queers* negros importa, en que los hombres negros importan, en que las lesbianas negras importan, en que la vida de los transgéneros y los/as transexuales negros/as importa, en que las/os inmigrantes negras/

os importan, en que la vida de los/as detenidos/as negros/as importa, en que la vida de las/os Negras/os que sufren diversidad funcional importa. Sí, la vida de los/as Negros/as importa, como la de los Chicanos y Chicanas, la de las/os Americanas/os de origen asiático, la de los/as Amerindios/as, la de las/os musulmanas/es y la de la clase obrera blanca. Y son sólo algunos de los casos particulares que hay que tomarse la molestia de enumerar antes de poder éticamente afirmar, sin vergüenza alguna, que "todas las vidas importan"».

Angela Davis

*

Aunque no tengas el poder de quitarte tu propia piel, tienes el deber de no quedarte muda.

Debes indignarte.

Debes mantenerte atenta no sólo al mundo en que vives, sino a quién eres tú.

Debes ser consciente de tus privilegios y de lo que éstos te permiten hacer.

Tienes la tarea de denunciar la injusticia y de tener la fuerza (el valor) de ponerte a ti misma entre paréntesis. No estoy hablando de culpabilidad o de odio contra una misma. Estoy hablando de responsabilidad.

Tienes que ponerte en riesgo.

Tienes que intentar salir de ti misma sin cesar.

Es por eso que tiendo a pensar que no debes estar orgullosa de ser una chica, una persona nacida con un cuerpo que encaja en lo que se dice del cuerpo de una chica. Alguien que hasta ahora no ha sentido la necesidad de cuestionar esa identidad, pero que, al mismo tiempo, a mi juicio, no debe creer en ella a ciegas.

*

Nunca te he sugerido o prohibido hacer nada *porque eres una chica.* Vestirte como una chica. Sentarte como una chica. Comer como una chica. Hablar como una chica. Actuar como una chica. Nunca te pedí que fueras una chica.

No debes enorgullecerte de ser una chica, pero debes ser capaz de defender tu lugar en tanto que ser humano.

Encajas en esos cuerpos definidos como femeninos. Sufres los inconvenientes que eso lleva implícito. Pero no te fijas en ello, no lo rechazas, tienes el privilegio de no sufrir, y tampoco te lo tomas verdaderamente en serio. Observas ese cuerpo con ironía, lo abordas con humor y como una dimensión de la experiencia viviente que te ha sido ofrecida, aumentando sin cesar el margen de maniobra que te permite jugar con él. Como si te hubieses integrado en ti misma, y como si, para ti, lo que yo intento nombrar sin descanso, y que se despliega en dos objetivos opuestos pero concomitantes, resultase obvio:

Hay que defender el cuerpo que se tiene o que se desea tener, oponerse a las violencias de las que es objeto, rechazar su desconsideración, su cosificación, contrarrestar su invisibilización. Hay que indignarse por el hecho de que ciertos cuerpos sean mejor considerados que otros, de que ciertos ciudadanos parezcan serlo más que otros, de que determinados rostros, cabellos y fisonomías tengan la posibilidad de ocupar este mundo con orgullo mientras que otros no, y hacer lo que sea necesario para que esos cuerpos, justamente, tengan también derecho a existir con libertad.

Pero eso no significa que debamos creer en ello. Eso no significa que tengamos que amar nuestro cuerpo como si fuera la cosa más preciada del mundo, y depositar en él el corazón de nuestra identidad.

Si vas a sentirte orgullosa de ello, que ese orgullo sea estratégico y provisional. Que sea útil a una lucha que consiga ayudar a otras personas además de a ti misma.

*

Françoise Collin decía que la cuestión así llamada femenina no es una cuestión de mujeres, sino, antes bien, la cuestión social más importante de nuestros días. Y Kossi Efoui, por su parte, ha escrito recientemente: «Creer que el feminismo es una cuestión femenina es un acto de pereza».

*

Yo no sé con certeza cómo era a tu edad. La imagen que guardo de mí es la de una adolescente tímida, insegura, temblorosa e indignada. Huía de los libros y la televisión (¿he cambiado tanto?). Me enfurecía cada vez que la discusión giraba en torno a los derechos de las mujeres, la homosexualidad o el aborto. Era a la vez impetuosa y reservada. Tenía la sensación de resultar siempre excesiva, de no expresarme en la proporción suficiente.

Tú no te muestras nunca en demasía, y nunca estás de más. Pero desbordas siempre esa medida exacta: eres asombrosa y apasionante. En tu presencia, mi imaginación no está a la altura de la realidad.

*

Elegir bien las palabras que empleo cuando hablo de ti.

No aprisionarte en una ficción.

No incitarte a llevar una máscara para complacer a los otros, y menos a mí.

Nunca hacerte entender que estás fuera de lugar, o que molestas, o que te acaparas.

Nunca incitarte a creer lo que se nos inculca todo el tiempo y en todas partes, de mil y una maneras distintas: que, como mujeres, nuestro lugar en el mundo no está garantizado. Que, en el peor de los casos, es inexistente y que, en el mejor, debe ganarse al término de un juego que tiene como objetivo mostrar quién de entre nosotras sabe responder mejor a las expectativas en materia de género.

Y al mismo tiempo, insisto:

Tú, rubia de ojos azules, hija de un músico y de una escritora, nacida en un país considerado como una democracia, que forma parte del primer mundo, de origen europeo y por tanto colonizador, hasta la fecha cisgénero (es decir, en concordancia con el sexo que se te asignó al nacer) y en buen estado de salud... debes asegurarte de desaprender el centro, de no aceptar ser blanca, de no tragar el invisible anzuelo que podria llevarte a *decidir* ser blanca, deliberada o inadvertidamente. Porque no existe tal inadvertencia, sólo la negativa a reconocer lo fácil que es creerse blanco, como dice James Baldwin, y cómo de importante resulta hacer todo lo posible por no llegar a serlo.

Las mujeres representan una cuasimayoría minorizada, y sin duda tú también serás consciente de que tendrás que *sobrevivir* sin cesar (Ta-Nehisi Coates). Pero dentro de esa minoría, tú representas una mayoría. Corres mucho menos riesgo que otras de no ser escuchada ni representada. Corres mucho menos riesgo que otras mujeres, autóctonas, racializadas, trans, económicamente desfavorecidas o con diversidad funcional, de ser violada. Tu supervivencia está más asegurada que la de otros seres humanos, y tomar conciencia de ello ha de animarte para avanzar en el mundo. Debes buscar otros rostros distintos a los que se parecen al tuyo. Y tienes que protestar contra esa belleza única que en todas partes se exhibe. Aunque no has decidido el cuerpo con que has nacido, puedes decidir la manera de habitar en él.

Debes «llevar tus propias maletas» (Houria Bouteldja).

Debes aceptar perder el «mundo conocido» (Léonora Miano).

Porque perderlo no significa morir. Al contrario: es a través de esta experiencia de la pérdida como se puede verdaderamente vivir una vida que no avance caminando sobre las espaldas de los demás.

*

Estoy viendo *I Am Not Your Negro*, el documental de Raoul Peck creado a partir de un texto inédito de James Baldwin. Baldwin se pregunta cómo se instalaron los europeos en el continente norteamericano y cómo se concibieron a sí mismos como Blancos, es decir, cómo inventaron a los Negros para cerciorarse de su propia pureza a costa de una violencia inconmensurable, inimaginable. Tú llevas esa violencia en tu cuerpo por ser una persona de sexo femenino, pero no tanto como otras, gracias al color de tu piel. Una violencia que te hará siempre consciente de un cierto peligro, y a la que aprenderás sin cesar a sobrevivir.

*

«Enseñarle a mi madre cómo dar a luz».

WARSAN SHIRE

*

Una de las pocas cosas de las que estoy segura es de que tú me enseñaste a traerte al mundo.

*

Contigo se ha afirmado algo que ya estaba ahí antes de tu llegada, mi feminismo, pero que estaba ahí sin la urgencia, el ardor político ni la convicción de que hay que actuar ahora y con presteza. Sin el tiempo acelerado de la ira, el martilleo de los pies sobre el asfalto, el hechizo ni el megáfono. Sin todas esas palabras que nos sirven para intentar pensar qué significa vivir como una mujer, aquí, hoy. Cómo vivir y por qué. Bajo el dominio de qué mandatos. Lo que existe, lo que te espera, lo que debe cambiar, todo eso contra lo que hay que seguir luchando.

Y cuando el cansancio me invade, cuando empiezo a dudar, cuando me acuso de ser mediocre porque ningún gesto está realmente a la altura de la causa y nadie sabe cuánto de todo ello quedará y cuánto será borrado, cuando temo escribir en el vacío, frases lanzadas a granel en el universo con la loca esperanza de que algunas cuantas caigan en la Tierra, cuando siento el impulso de rendirme..., pienso en ti, y en lo que te he dicho a menudo: hay que tener una pasión, hay que encontrar esa cosa que te hace respirar y con la que siempre podrás contar porque bastará con que la saques de tu bolsillo como un as que dará sentido a tu existencia.

Quizá lo importante no sea tanto el resultado (lo que se llama éxito o triunfo, lo que se considera un reconocimiento) como el proceso, el gesto. Y la conciencia que podemos extraer de ello.

Lo importante no es llegar a ningún sitio. Lo importante es salir de donde estamos. Lo importante es el movimiento, la transición que garantiza el progreso, la evolución. Y ahí es quizá donde radica la ambición. No tanto en cosechar el éxito como en suscitar un cuestionamiento continuo. El gesto verdaderamente feminista, para mí, tiene que ver con el compromiso de la artesana que sin cesar retoma, revisa, repiensa, recomienza su inagotable labor.

*

«Ya sea dulce o arduo, el amor es un acto heroico».

TA-NEHISI COATES

*

Ignoro si tendrás hijos, y si, en caso afirmativo, los gestarás o los adoptarás. No es una pregunta que me formule aisladamente o algo que me haga soñar. No inquiero un deseo que sólo puede pertenecerte a ti y sobre el que no tengo nada que decir. No me imagino a mí misma como abuela del mismo modo que no espero que te veas a ti misma como futura madre. Pese a todo, si eso ocurriera estaría a tu lado, cuidando de ti y, contigo, de tus hijos. Bajo cualquier circunstancia, estaré ahí para ayudarte.

A pesar del placer que a mí me suscita, ser madre no es un paso que haya que dar por obligación, ni siquiera para los cuerpos capaces de gestar hijos. Pero amar a los demás, afrontar esa experiencia aterradora que es el amor del otro, sí lo es.

Hay mil y un modos de aprender a amar.

*

Entre el feminismo que glorificó la diferencia sexual y encontró en la maternidad el sentido de la identidad femenina y el que, por el contrario, relegó la maternidad a un espacio satelital para que no interfiriese en el acceso al trabajo, al dinero, al éxito, a las diferentes formas de poder, opto por no elegir. Me consagro a ella sin sacrificio alguno, pero tampoco hago de la experiencia materna el centro de mi identidad. Ni siquiera sé si haberla vivido como mujer, si haber gestado a una hija, si haberla parido, si haberla amamantado... es algo que hice *en tanto que mujer*. Lo que sé es que esta relación con una otra, pequeña, mediana, pronto más grande que yo, esta relación con un cuerpo que se despliega y se extiende y se lanza al mundo y que hay que aceptar perder poco a poco después de haber cuidado de él durante años..., esta relación habrá sido el centro de mi experiencia en tanto que ser humano.

*

Morimos para que otros nazcan
Envejecemos para que otros sean jóvenes
El propósito de la vida es vivir
Amar si puedes
Y devolver el favor

Kae Tempest

*

Las imágenes de cordones umbilicales cortados no dicen la verdad. El hilo se mantiene. Se corta, se deja correr, pero no se suelta jamás.

*

Nunca me planteé cómo iba a *educarte.* No pensé mi vida contigo como una duración limitada durante la que te transmitiría ciertas cosas para que luego pudieras partir. «Volar con sus propias alas», se dice. Pero no estoy segura de que nuestras alas no sean compartidas. Y no se trata tanto de tener las alas que hace falta tener como de poder desplegarlas.

No te *eduqué* porque jamás pensé que hiciera falta tirar de ti hacia arriba[9]. Porque ser feminista, para mí, es estar en pie, caminando por la calle, o sentada a una mesa, o acostada en una cama para escribir, para soñar. Porque ser feminista es también ser maleducada. Negarse a mantenerse erguida, apretando las piernas juntas, ocupando el menor espacio posible, sin gesticular demasiado. No siempre susurrar, hablar o reír en voz baja. No ser educada todo el tiempo y con cualquier persona. No esperar incesantemente

9 Se difumina aquí el juego de palabras propiciado por la ambigüedad polisémica del verbo original en francés, *élever*, que puede a un mismo tiempo interpretarse en su acepción literal («elevar», «levantar») y en sentido figurado («criar», «educar»).

a que nos den permiso para existir. Ser una madre feminista es también asegurarse de educar mal.

Espero haberte hecho ver que tienes el derecho, incluso la obligación, de desear, de codiciar, de exigir. Te mereces algo mejor que el extremo de un asiento y unas migajas de reconocimiento social. No has nacido para no poder llevarte a la boca más que un panecillo.

*

«La alternativa a la muerte no es la vida, sino la verdad».

MICHEL FOUCAULT

*

¿Qué es el feminismo? Nunca me lo has preguntado porque para ti resulta obvio. O porque entiendes que no hay definiciones que valgan. Salvo la que dice que el feminismo es una lucha por la igualdad, es decir, una lucha contra el sexismo y contra la opresión, y que eso es lo que un día nos va a liberar de los grilletes, de los corsés y de las definiciones, incluidas las que a veces se adhieren no se sabe cómo... al propio feminismo.

Nunca he pretendido reducir el sentido del feminismo a un puñado de locuciones encadenadas, ni cuestionarme la elección misma de esa palabra. Estoy cansada de explicar y defender lo que me parece obvio. Con demasiada frecuencia, mostrarse quisquilloso a este respecto tiene como único objetivo desviar la atención, interrumpir la discusión que se intenta entablar sobre la igualdad, la violencia de la que unos son objeto en manos de otros, es decir, la discriminación y la intimidación, es decir, la prohibición de ocupar este mundo con libertad, participando plenamente de él. El derecho a existir.

*

Ayer encontraste en tu habitación unos papeles, los restos de un trabajo que preparaste junto a unas amigas para la clase de ética. Tema: el feminismo.

Me cuentas cómo fue. Estabas de pie frente a la clase. Los otros estaban armando jaleo. Dijiste: «¿Es tan difícil guardar silencio un par de minutos?». «¡Uh, fuera!», te abuchearon algunos, antes de encajarse en sus sillas. Comenzaste a presentar las definiciones que habías encontrado y elegido para la ocasión:

1. Es un conjunto de ideas políticas, filosóficas y sociales que buscan promover los derechos de las mujeres y sus intereses en la sociedad civil.

2. El pensamiento feminista apunta, en particular, a la mejora de la condición de la mujer en las sociedades.

3. Es un movimiento político a favor de la igualdad real entre hombres y mujeres en la vida privada y pública.

4. El feminismo sirve para demostrar que las mujeres no son iguales a los hombres en nuestra socie-

dad, y denuncia esa situación con el propósito de cambiarla.

*

La paridad, esa faceta de la igualdad que está en boca de todas las feministas cuando escribo este libro, en una fase de la revolución que algunos ven como la cuarta ola del feminismo, no es sólo una historia de separación igualitaria de las diferentes esferas de la sociedad entre hombres y mujeres cisgénero. La paridad supera con creces la división social de los sexos, planteando la cuestión, profundamente ética, de *cómo ser pares*, y cómo serlo realmente.

Ser pares significa ocupar el mismo lugar en el tablero social sin importar quién seas, y ocupar un lugar significa tener la posibilidad de actuar, de estar realmente en la vida. La paridad es asegurarse de que todo el mundo esté representado.

Es por esa paridad por la que debes trabajar. Pero, hasta que eso ocurra en algún momento, la no-diversidad sigue siendo necesaria, un *entre-nosotras* estratégico y temporal para repararse, hablarse, escucharse, movilizarse. Un *entre-nosotras* que no está tan lejos de las pequeñas comunidades que fundas con tus amigas, comunidades que se me antojan de alguna forma políticas.

Deseo que, a medida que crezcas, continúes inventando esos espacios de seguridad que son exactamente lo contrario: lugares donde descansar del estado global de no-diversidad masculina y blanca en el que nos desenvolvemos cotidianamente. Espacios para quienes viven como mujeres (y a los que acaso tenga sentido invitar a nuestros aliados, a nuestros verdaderos aliados) y de los que se excluyen quienes adoran creer que son hombres, quienes deciden adherirse totalmente a esa identidad sin nunca distanciarse de ella. Deseo que exijas un mínimo de ironía a la gente que te rodea, sólo la suficiente capacidad de cuestionarse como para que su identidad no cubra la tuya de inexistencia.

*

La noción de *feminismo* se remonta a finales del siglo XIX y a Ferdinand-Valère Fanneau de La Cour, que la inventó para nombrar una patología que afectaba a los hombres tuberculosos cuyo cuerpo se encontraba feminizado y *sin capacidad para crear ni concebir*. Retomada por Alexandre Dumas hijo, la noción médica de feminismo se atribuirá más tarde a los hombres solidarios con las sufragistas. Hombres, también, faltos de virilidad.

Finalmente, las sufragistas recuperarán la palabra para servir con ella a los fines de la acción política.

*

«¿Dónde están los nuevos feministas? ¿Quiénes son los nuevos tuberculosos y las nuevas sufragistas? Debemos liberar al feminismo de la tiranía de las políticas identitarias y abrirlo a las alianzas con los nuevos sujetos que se resisten a la normalización y a la exclusión, a los afeminados de la historia; a los ciudadanos de segunda clase, a los apátridas y a los viajeros ensangrentados de las cercas de púas de Melilla».

PAUL B. PRECIADO

*

Este libro no es otra versión de *El feminismo explicado a mi hija*. Está compuesto más bien, como escribe Dorothy Allison, de «dos o tres cosas que conozco a la perfección, salvo porque no son nunca las mismas ni las conozco tan perfectamente como me gustaría».

Yo no soy una sacerdotisa y tú no eres mi apóstol. No he hecho de ti una feminista. Ni siquiera he llegado a planteármelo nunca. Quizá creí, sin pensar en ello de modo deliberado, que bastaba con ser esa persona que permanece a tu lado y que, indignada, rebelada, se enfada y levanta el tono, pese a su fragilidad; esa persona a la que las migrañas y las cuitas de amor hacen llorar; que a veces se preocupa sin motivo; que cocina en silencio para calmarse; que parece un payaso cuando le enseñas cómo *dabear*; que se ríe con los *clips* de Florence Foresti y Gad Elmaleh; que ve en John Oliver algo parecido al espíritu de un salvador; a la que le gusta comprar ropa; que te muestra cómo maquillarte; que se rinde a la primera de cambio cuando rechazas una sugerencia de un libro o una película; que intenta encontrar el momento perfecto y las palabras correctas cuando cree importante hablar y que más a menudo se oye a sí misma tartamudear porque no sabe exactamente qué decir. No recuerdo haberte enseñado nunca tanto sobre feminismo como cuando buscaba esas palabras al sentir que tenía que darte ciertas explicaciones. Y las frases se precipitaban en carambola fuera de mi boca. Tenía poco tiempo, lo sabía, un breve paréntesis en nuestra vida ordinaria, enseguida cerrado por esa mirada tuya a medias irónica, a medias aburrida. «No pasa nada, mamá. Lo entiendo», decías, justo antes de ponerte los auriculares en los oídos.

De nosotras, la que explica las cosas como sin darse cuenta, lanzando ideas al aire para apresar la verdad, la mayoría de las veces no soy yo, sino tú.

*

Nuestra vida ha sido una sucesión interminable de escenas que responden a la prueba inventada por la historietista Alison Bechdel: dos mujeres conversan, y no hablan sólo de hombres.

*

No situarlos siempre en el centro.

No convertirse en su «lente de aumento», en la «que multiplica su tamaño por dos» (Virginia Woolf).

No creer que representan lo más interesante de este mundo.

*

Acabas de cumplir catorce años. Me dices que, desde siempre, desde pequeña, has estado esperando este momento: la edad que verdaderamente firma, para ti, la entrada en la adolescencia. Al decírmelo me confías un secreto, como cuando me hablas de tu infancia y me describes lo que estaba pasando en tu cabeza. Las historias que te contabas. Cómo dotabas de vida a los objetos inanimados. Cómo pensabas que en el vientre abultado de los señores había cachorros en lugar de bebés. Todas esas cosas que no yo sabía de ti...

Pero esta edad es también la que hace que adultos que no me conocen se atrevan a desearme «buena suerte» cuando les hablo de ti. Es la primera vez, desde que naciste, que siento ese levísimo movimiento del cuerpo que se aleja al hablar, como si tu edad viniera acompañada de un riesgo de contagio. Los bebés son bendecidos sin que nadie se atreva a mancillarlos, incluso aunque la vida que llevamos con ellos se antoje a veces semejante a un infierno. La infancia es abrazada y bienvenida. Luego, cuando pasa el tiempo, empezamos a hablar de la edad ingrata o edad del pavo, expresión que se emplea casi saboreándola, con una suerte de maldad tan ufana como socialmente aceptada.

*

Os tememos, os demonizamos, os ridiculizamos y a veces incluso os despreciamos, a vosotros, que molestáis por el mero hecho de estar en el umbral. Ocupáis un punto intermedio ante el que los adultos nos mostramos extrañamente amnésicos, como si quisiéramos escapar de nuestra propia vergüenza, de un pasado embrollado de estimaciones, de incertidumbres, de temores y de torpes aprendizajes. Y en lugar de despertar nuestra curiosidad, nuestra prudencia, nuestra humildad, vuestra edad parece darnos permiso para ponernos grandes cascos bajo los pies y avanzar como un tanque sobre la adolescencia.

*

«Soy el dragón que escupe fuego. Yo soy el león».

Beyoncé

*

Mientras escribo estas páginas, una nueva escultura, aparecida en Wall Street el pasado 8 de marzo, ocupa los titulares: *Fearless Girl*, la obra de Kristen Visbal, acaba de ser instalada frente al toro de Arturo Di Modica. La *fearless girl*, la «chica sin miedo», está de pie con el pelo y la falda al viento, los brazos en jarra, el torso proyectado hacia delante, la espalda curvada para hacer frente a la amenaza, la barbilla en alto, la mirada firme. La *fearless girl* es tan pequeña como grande es el toro, que, con sus tres toneladas de peso y la cabeza inclinada, parece estar a punto de embestir.

La escultura dice que las mujeres tienen su lugar en el mundo de las finanzas, en las mesas de dirección y en los consejos de administración. La compañía State Street, que encargó la escultura, la describe como una representación del futuro. ¿Pero qué futuro puede haber para las mujeres cuando no es sólo que el toro no las represente, sino que se las sustituye por la efigie de una niña preadolescente que no tiene ninguna posibilidad de plantar cara a la bestia, rebosante de rabia y lista para aplastarla? Puede hacerle frente, pero ni hablar de matarlo. *I came to slay*, canta Beyoncé, «he venido a matar», pero lo que Wall Street exhibe es un gesto de coraje silencioso, la eterna resiliencia de las mujeres, más que su rebelión. Porque lo verdaderamente rebelde habría sido retirar el toro, o mejor aún, erigir, entre la niña y él, un ejército de mujeres.

Habría preferido que le hubieran dado a la efigie el nombre de «chica con miedo». Porque es imposible que no lo tenga. Y porque tener miedo no es en modo alguno una fragilidad. Es justamente ahí donde radica la marca del arrojo, de la fuerza, de la determinación. ¿Y no es eso acaso lo que se les niega a las chicas de tu edad, y por lo tanto a todas las mujeres?

*

En nuestra sociedad, hay un vínculo entre las niñas y las mujeres que no tiene nada que ver con la edad, con la inscripción en el tiempo. Las niñas son ya mujeres, vestidas con el traje de la feminidad adulta mucho antes de lo que les correspondería, empujadas a la protofeminidad. Y se pretende que las mujeres, por su parte, sean eternamente juveniles, infantilizadas por el lugarcillo que se les concede, cuestionando constantemente sus competencias, así como su autonomía, su fuerza, su inteligencia y su estabilidad.

Tal vez nunca te conviertas verdaderamente en una mujer, y tal vez nunca seas verdaderamente una chica, y esta forma de opresión envuelve la posibilidad de salir de ahí. Nos queda por rechazar la etiqueta de la feminidad en beneficio de un cuerpo con órganos susceptible de reinventarse y, sobre todo, listo y capaz de abrir la caja de Pandora del género sexuado.

*

Vaciar.
Llenar.
Clasificar.
Desclasificar.
Descubrir.
Acoger.
Transformarse.

*

La cosa empieza y continúa siempre del mismo modo, excluyéndote (excluyéndonos), no reconociéndote, no concediendo seriedad alguna a tus intereses ni a tus gustos. No se trata únicamente de las muñecas Barbie y de los vestidos de princesa, ni del *hacer de mamá* al que se reduce la mayoría de los juguetes para niñas. Sino también de esa manía de burlarse del entusiasmo de las más jóvenes, de sus amores, de sus ídolos, de sus canciones sonando en bucle, de sus películas preferidas, del estilo, de la moda, de las risas enloquecidas, del léxico, de la palabra *bitch*[10], vilipendiada como si cometierais un crimen cada vez que la empleáis entre vosotras. Puedo entenderlo, pero me basta con escucharte cuando me explicas que es una palabra positiva, que significa «amiga, amiga mía», y que los chicos también la usan, no como un insulto contra las chicas, sino entre ellos mismos, como una muestra de intimidad. Me cuentas, sonriendo con ternura, que los chicos de tu clase, cuando se saludan unos a otros al llegar o al salir, se dicen: «¡Te quiero, nena!».

*

«¿Por qué hay que odiar lo que les gusta a las adolescentes?», se pregunta la periodista Laura Moss.

Todo lo que os atañe se percibe a menudo como vano, fútil, vacío o pasajero, rara vez como el núcleo donde elegís inscribiros, donde echáis anclas y participáis del espíritu de la época. Los gustos de los chicos, en cambio, sus videojuegos o sus cantantes favoritos, se toman más en serio. «¿De verdad?», me preguntas. Respondo: «¡Está documentado!». Ahí radica el origen de algunas de las observaciones, ciertamente terribles, deslizadas tras el atentado de Manchester, al término de un concierto de Ariana Grande[11] cuyo público es-

10 En inglés en el original: «puta».

11 El 22 de mayo de 2017, al término de un concierto de la cantante estadounidense, un hombre en solitario se

taba mayoritariamente formado por madres, niñas y adolescentes. Comentarios del tipo: «¡Yo también quiero morir escuchando a Ariana Grande!».

La forma en que se describe a las *fans* adolescentes no está lejos del discurso que se esgrimía contra las histéricas a finales del siglo XIX... Las pasiones de los chicos, ya se trate de la música, el cine, el deporte o los videojuegos, reciben la aprobación general de la sociedad a pesar de la agresividad que se les asocia (y de la que nos lamentamos en la misma medida en que contribuimos a perpetuarla). Las pasiones de las chicas, por su parte, suelen ser a menudo devaluadas. O lo que les gusta no merece ser admirado, o es su amor mismo el que carece de validez: sus pasiones resultan excesivas o equivocadas, o bien carecen de seriedad, de verdad. Se hace mofa de ellas, se las tilda de falsas, se las acusa de falta de personalidad. Al despreciar sus gustos, se les traslada la idea de que todo lo que llama su atención es tan irrelevante como lo son ellas mismas. ¿Cómo cabe esperar, entonces, que se conviertan en escritoras, pensadoras, artistas, abogadas, médicas o profesoras?

Te veo de nuevo ante al espectáculo de Sia, y luego, en el taxi, analizando apasionadamente lo que acabamos de presenciar, las estrategias de desaparición de la cantante, su forma de escapar de los códigos que el

inmoló en el vestíbulo del estadio Manchester Arena causando veintidós muertes y dejando un saldo adicional de ciento dieciséis personas heridas. Al día siguiente, el Estado Islámico de Irak y el Levante reclamó la autoría del atentado.

mundo de la música impone a las artistas populares. Nos gusta Sia, a ti y a mí, y si esa noche hubiera estallado una bomba en el Centre Bell, y aun en el caso de haber sobrevivido a ella, se habría roto algo más, algo que a diario se quebranta de mil y un modos distintos: el amor que las chicas traen al mundo...

*

«No somos objetos ni premios. Somos REINAS».

ARIANA GRANDE

*

Me gustan las adolescentes. Me gustan de verdad. No siento nostalgia alguna por el bebé que fuiste. Y aunque me conmuevan las imágenes de cuando eras pequeña, aunque mi cuerpo recuerde la sensación de tu piel contra la mía, de tus brazos alrededor de mi cuello, tu olor, tu risa, tu voz, me encantas a la edad que tienes ahora. Me gusta tu modo de moverte y de hablar. Me gusta lo que aprendes y lo que me enseñas, el vocabulario que adoptas, que imitas, que mezclas y del que te apropias, las palabras de la colectividad de la que formas parte mientras que yo, a tu lado, intento mantenerme al margen.

*

Ser una madre feminista es amar por entero la vida de las chicas, y trabajar contra su desaparición, ese borrado de las mujeres que, de mil y una formas distintas, se opera en la adolescencia.

En nuestro mundo occidental y neoliberal, la adolescente sigue siendo el medio de formatear a la mujer. La misoginia se inyecta poco a poco en la forma de inventar a las niñas y luego a las adolescentes, esas chicas que se hacen grandes y se caricaturizan. Se las reduce a tics de lenguaje, a la preocupación por la vestimenta o al arte del maquillaje. Se las vacía de todo contenido. Y se halla incluso cierto regocijo en olvidar que esta costumbre de hacer de las adolescentes *jóvenes* mujeres es el centro de la industria de la moda, que fotografiar a las niñas recién púberes para dar la impresión de que se trata de mujeres adultas permite sobre todo borrar a la adolescente.

En el fondo, para las niñas no hay transición entre la infancia y la edad adulta. La adolescencia no es más que la antesala de una feminidad adulta ya vulnerada. Y a la inversa: esta feminidad adolescente, representada como inmadura, lábil, superficial, inestable... se nos pega a la piel para siempre.

*

Nos gusta que las niñas parezcan mujeres, que nos permitan olvidar que aún no lo son, que puedan tener aspecto de mujeres sin serlo del todo; ¿no es eso acaso lo que se prefiere, las mujeres-niñas, las mujeres que no envejecen? Las mujeres son extratemporales. Y eso ¿qué significa, sino que se les sigue negando un lugar en la historia?

Tendrás que defender tu lugar en el tiempo de la misma manera en que tratas de calmar mi miedo a envejecer y, a la vez, cuando discutimos por algún conflicto, te aseguras de recordarme que tengo ante mí a una adolescente, y que «las adolescentes, bueno, ¡son así!».

¡Tienes razón! Es necesario que seas una chica de tu edad. Hay que seguir defendiendo nuestro lugar en la historia y dejar de tener miedo del tiempo. O al menos, admitir que, desde el momento en que se nos hace entenderlo, sí, ¡tenemos miedo de él! Hay que atreverse a habitarlo de veras.

*

Entro en el feminismo por la puerta de las chicas que se atreven a hacerlo porque no tienen miedo de tener miedo.

*

Las adolescentes sois brujas. Con vuestros ojos centelleantes, vuestra lucidez, vuestra astucia y vuestra necesaria maldad, sois *bitches* inclinadas sobre el caldero preparando pociones, inventando hechizos para dispersar, como si fueran las cenizas de las que os precedieron, confeti y *bling-bling*[12] por todo el mundo.

12 En inglés en el original. El término *bling* (literalmente, «ostentoso») se emplea en el registro oral para señalar la pretenciosidad en el modo de vestir de una persona o el relumbre metálico de sus adornos.

Y éste es vuestro mundo, aprendices de amazonas sobre vuestros unicornios enjaezados. ¡Lo habéis entendido a la perfección! ¡Sabéis que os temen, adolescentes inquietas, disidentes, burlonas, mordaces, resueltas, con vuestra lengua afilada y vuestro *swag*[13] de dragonas cuyo fuego puede arrasarlo todo!

Yo creo en ti, y sé que vencerás.

*

En la Edad Media, las mujeres abandonadas en tiempos de guerra, aisladas en medio de la nada, comenzaron a hablar con los árboles, con los animales, con las flores. Por eso se las quemaba: un millón de mujeres en la hoguera, esposas del diablo. Se las abandonaba a la ley de los hombres. Se prohibía a cualquier otra mujer testificar en su juicio.

Vosotras... también os contáis historias, chicas-árboles, chicas-flores, chicas-salvajes bajo una forma animal como Maya en *Espacio 1999*[14], chicas-ordenadores, chicas-científicas, chicas que lo ven todo, chicas que lo oyen todo, chicas que lo entienden todo a la primera, chicas hipersensibles: ¡abrid paso!

13 En inglés en el original. Se trata de una forma apocopada de la palabra *swagger* («pavonearse»), usada coloquialmente para aludir a un modo particular de caminar y moverse en el espacio, propio del rap y el *hiphop*.

14 Serie televisiva británica de ciencia ficción transmitida en un centenar de países, entre ellos España, entre 1975 y 1979.

Teen Vogue. The Love Issue: Sasha Lane con la mirada a medias rebelde, a medias ensimismada, una ligera mueca en su rostro, coronada de *dreads*[15]... Hace una llamada a la acción contra la merma de los derechos civiles. Defiende el derecho de las chicas a participar en el debate político. Como la periodista Lauren Duca, a quien un presentador de la Fox intentó intimidar en directo. «No dejéis que nadie os haga creer que no tenéis los medios para hablar de política. ¡*You are the future*!», escribe Duca. Este país os pertenece, ¡este mundo es vuestro!

Y yo os imagino como Maléfica, la ecofeminista, sobrevolando el bosque con las alas desplegadas, decididas a defender el planeta...

*

«No estoy segura de que ya se hayan inventado las mujeres mayores, pero merece la pena intentarlo».

URSULA LE GUIN

*

Lo que yo creo es que aún no se han inventado las adolescentes.

*

15 En inglés en el original: «rastas».

He pegado en la pared de mi despacho, en la universidad, una serie de retratos tuyos. Como talismanes contra la crueldad, la maldad, la mediocridad. A fin de recordarme a mí misma por qué estoy aquí. A fin de señalar que no ocupo mi plaza para demostrar cuánto sé ni para instalarme plácidamente en una torre de marfil, sino para interrogar sin pausa mi propio pensamiento y para dejar que esas preguntas me debiliten.

Enseñar tiene que ver mucho más con el acto de hacer preguntas que con el de ofrecer respuestas. Y si soy capaz de algo, es de seguir este camino que se traza en mí para alejarme cada vez más del conocimiento como posesión, como capital. Perder en vez de ganar. Interrogar. Dudar. Importunar. Hacer que los cimientos se tambaleen. Que las cosas se nos escurran de las manos tan pronto se cree haberlas atrapado. Que la alfombra se deslice bajo nuestros pies y nos haga perder el equilibrio justo lo suficiente.

Tu rostro pegado a mi pared me recuerda que la enseñanza y la maternidad dependen de un mismo impulso. Puede que la profesora feminista y la madre feminista estén alentadas por un mismo amor: el que vibra por quien tenemos ante nosotras, el que yo misma siento por ti, esa otra cuyas diferencias quiero descubrir y proteger, en lugar de tratar de difuminarlas.

*

«No cito a hombres blancos. Por *hombres blancos*, me refiero a una institución. En cambio, cito a las y los que han contribuido a la genealogía intelectual del feminismo y del antirracismo (...). Las citas constituyen una memoria feminista. Citar es reconocer lo que se debe a aquellas y aquellos que vinieron antes que nosotras, que nos ayudaron a encontrar nuestro camino cuando el camino era oscuro porque nos habíamos desviado del trayecto que nos habían obligado a seguir. (...) Las citas pueden ser ladrillos feministas: son los materiales con los que se construye nuestro hogar».

Sara Ahmed

*

Hoy has salido. Has quedado con unas amigas en el metro para recorrer la ciudad y sacar fotos. Tu pasión es la imagen, tu ojo en el objetivo, lo que tu mirada apresa. Cómo encuadrar, exponer, sacar a la luz, cómo revelar lo que atrae tu sensibilidad: trabajas la belleza.

Me enviarás mensajes durante tu ausencia. Responderás a mi «¿Todo bien?» con un emoji sonriente y un *ok* que tienen por único objeto tranquilizarme para que te olvide un poco, sólo lo suficiente. Y cuando llegues a casa, compartirás conmigo lo que viste en la pequeña pantalla de la cámara, y luego en la grande, donde miras las imágenes por segunda vez, ajustando las sombras, la temperatura, la saturación, buscando el detalle en el que poner el acento para hacer que tu mundo exista.

Tú fotografías como yo escribo, fragmentando el mundo para revelar los detalles, lo que te atrapa, lo que te irrita, y recibes en pleno corazón la flecha de una imagen.

*

Tus palabras también forman imágenes. Consonantes sumadas en abreviaturas, préstamos de otras lenguas. Y te impacientas a veces cuando no entiendo lo que para ti es obvio y ya me has explicado. Soy yo quien debe aprender tu idioma. Soy yo quien debe saber cómo descifrarte.

*

Al igual que tú, también yo me comunico a través de breves correos electrónicos, estados de Facebook y mensajes de texto. Cuando te veo inclinada sobre tu tableta, barriendo la pantalla con un dedo, o ante el rostro de una amiga con la que conversas por medio de una plataforma digital, recuerdo mis horas adolescentes al teléfono y la irritación de mis padres pidiéndome que colgase.

A veces me oigo sugerirte que dejes de lado la tecnología por un momento, que apagues las notificaciones, que ignores las aplicaciones, que te concentres en una sola cosa a la vez. Lo digo sin creerlo, porque yo me conduzco de hecho del mismo modo que tú, y detesto esa voz que no he sido capaz de contener, la voz que sugiere que antes las cosas eran mejores, la voz que de pronto me hace sentir asustada, como si viviese en una época de la que no formo parte cuando me inscribo en su núcleo de forma tan resuelta como tú, cuando yo misma soy responsable de ella, cuando sé bien que mi antes desprovisto de webs no era en absoluto mejor que tu ahora, y cuando trato con todas mis fuerzas de no ser una-de-esas-madres, esa mujer de mirada penetrante que desconfía del presente, arrogante en su ignorancia, segura de sus pasos cuando hoy maldice y ataca todo aquello de lo que se compone tu vida, todo lo que te permite inventarla.

*

No sé cómo será tu vida. Me niego a pensar en el futuro, ya que en ocasiones me parece algo oscuro.

Comencé a escribir este texto poco después de la elección de Donald Trump como presidente de los Estados Unidos. Desde que llegó al poder el que es sin duda el niño más consentido del planeta, no hay mañana en que no sienta náuseas al abrir *The New York Times*, *The Guardian*, *Le Devoir*, sólo que las náuseas no cesan.

He estado escuchando los debates electorales sentada en la alfombra de la sala mientras hacías tus deberes a mi lado. Reconoces su voz y tus ojos se abren ante el hombre más incompetente de América. Te cuento mis sueños, cuando la noche me transfigura en una agente de prácticas en el FBI o la CIA y veo cómo mi instrucción se trunca al perderme en el laberinto de Langley, incapaz. Te cuento lo que se cuece allí, te hago partícipe de sus decisiones, y tú sacudes la cabeza en un gesto a medio camino entre la irritación y la incredulidad. Es la primera vez que la política irrumpe cotidianamente en casa desde los cuadrados rojos[16] y las caceroladas en el balcón.

Siempre he evitado, en la medida de lo posible, que te encontraras ante las imágenes de la actualidad: las catástrofes inmorales, espectaculares, aterradoras del telediario. En cambio, te he hablado de ellas, he tratado de contártelas y te he llevado a las manifestaciones donde los cuerpos caminan y gritan juntos con paso parejo y una sola voz. Cuerpos que se ponen en riesgo. Cierta vez, cuando viste llegar al escuadrón de antidisturbios, levantaste la cabeza hacia mí, incrédula, y dijiste: «¿Qué mal hemos hecho?». Te tomé de la mano y nos fuimos de allí sin perder un minuto.

No ponerte en peligro. Pero tampoco ahorrártelo por completo.

*

La víspera de la ceremonia de los Oscar, en febrero pasado, Christine Vachon, productora cinematográfica, publica un artículo en *The Guardian* sobre el cine como acto de resistencia, una forma de protestar contra un clima político que, en ese momento, silencia de modo deliberado las historias de las *otras*. Vachon produjo el metraje de Todd Haynes *Carol*, una película

16 En Quebec, el cuadrado rojo es el emblema de la movilización en contra del encarecimiento de las tasas universitarias y el principal símbolo de apoyo a las huelgas estudiantiles de 2005 y 2012.

que un año antes se quedó sin la estatuilla de la que todo el mundo la creía merecedora. «¿Homofobia?», se pregunta Vachon. «¿Quién sabe? ¡El caso es que hay que cuestionárselo!».

Esta vez, escribe con la esperanza de que *Moonlight*, de Barry Jenkins, será recompensada por el modo en que representa las vidas de los hombres negros y *queer* en Miami. Espera que la presencia de Donald Trump en la Casa Blanca, esa casa construida por esclavos y por cuyo césped, unos meses antes, corrían aún las dos hijas de Michelle y Barack Obama, galvanice a sus creadores. Porque algo se hace urgente: nombrar las desapariciones y omisiones deliberadas, y contradecir las mentiras. Preguntarse, ante todo: «¿Somos inclusivos? ¿Aceptamos la diversidad? ¿Estamos ocupándonos de contar las historias que hacen eco en la gente de nuestra época?».

El día después de los Oscars, te cuento que *Moonlight,* en una delirante función teatral que se me antoja como un acto fallido, se ha hecho con la estatuilla. No has visto aún la película, pero sabes que me ha conmovido porque he hablado mucho de ella, y ahora espero volver a verla contigo. Con el sueño brillándote en los ojos, toda despeinada, dices: «¡Me alegro mucho por ti!».

*

«Necesitamos reparar en el hecho de que el poder sin amor es imprudente y abusivo, mientras que el amor sin poder es sentimental y anémico. El poder en su máxima expresión es el amor que satisface las exigencias de la justicia, y la justicia en su máxima expresión es el poder que corrige todo lo que se opone al amor».

MARTIN LUTHER KING

*

Un chico de trece años es agredido por un policía de Los Ángeles que acaba de insultar a su amiga. «*Cunt*»[17]. El joven la defiende: «¡No deberías hablarle así!».

El policía va vestido de civil. Es su día libre. Agarra al adolescente por el cuello de la camiseta, lo arrastra hasta el lado contrario de la calle y lo arroja por encima de un seto, negándose a soltarlo. Cuando otros adolescentes de su grupo se precipitan hacia él para proteger a su amigo, el policía saca una pistola escondida bajo su camiseta y sujeta por el cinturón de sus pantalones. Hace fuego para asustarlos, para que se alejen, y el tiro a punto está de alcanzar al chico al que el policía ha agredido. Todos escapan, excepto el que sostiene la cámara, que vuelve sobre sus pasos y filma todo lo que ve.

Te muestro las imágenes en YouTube. Los insultos de los que es objeto la joven. La dignidad del chico.

17 En inglés en el original. Literalmente, «coño». El término adquiere connotaciones abiertamente ofensivas al emplearse en la jerga callejera, donde puede traducirse por «zorra» o «asquerosa».

La solidaridad de su grupo de amigos. El odio descontrolado y la violencia del policía. Lo observas todo con atención. Admirada y rebelde.

*

«Existes. Cuentas. Tu vida importa. Tienes derecho a ponerte la sudadera con capucha, a escuchar tu música y subir el volumen. Tienes derecho a ser tú. Y nadie debería apartarte de ti mismo. Debes ser tú mismo. Y nunca debes temerle a eso».

TA-NEHISI COATES,
citando a la madre de Prince Jones,
asesinado por un policía

*

Tus amigas están inmersas en la serie *Por trece razones,* contra la que tantas voces adultas se han levantado denunciando algo así como una incitación al suicidio, en lugar de pulsar en ella un estímulo para la reflexión.

Los adultos son rápidos cuando se trata de liberarse del rol que desempeñan en la enseñanza de la discriminación. Como escribe Janet Mock, volviendo la mirada sobre su juventud, en tanto que chica trans, para reflexionar sobre el impacto del abandono del gobierno de Trump de las directrices de Obama para que las escuelas públicas permitan a las/os estudiantes utilizar el baño que prefieran: «En general los jóvenes lo entienden. Son los adultos, como los que componen la administración Trump, y que no se dan cuenta de lo que ocurre cuando se enfrenta a unos/as jóvenes con otros/as, los que animan a algunos a convertirse en intimidadores y hacen del resto objetos siniestros».

Pero lo que no se dice, lo que no se grita a los cuatro vientos es cómo, nos guste o no, *Por trece razones* habla de intimidación, y de las diferentes formas de violencia sexual de que son víctimas las adolescentes. Una violencia que nunca se toma lo bastante en serio. Una violencia que se tiende a minimizar, desviando la cabeza demasiado a menudo. Como si las chicas pudieran perder de repente las ganas de vivir, así, sin razón alguna.

Sigo preguntándome cada día si la vida de las chicas realmente importa. La de todas las chicas, pero sobre todo la de quienes no son blancas, las chicas indígenas, las chicas negras, y también las chicas desatendidas, mal queridas, mal vestidas, las chicas perdidas, subestimadas, devaluadas, las chicas que no se corresponden con la imagen que se tiene de ellas, las chicas abandonadas... Como para que, luego, nos sorprendamos de su desaparición.

Y si fueran los chicos los desaparecidos, decenas, cientos, miles de chicos y hombres de piel blanca, ¿qué pasaría? ¿No reaccionarían acaso nuestros representantes políticos, y sin demora? ¿Y si decenas, cientos, miles de chicos y hombres fueran agredidos sexualmente, golpeados por sus esposas, asesinados...?

Pero se trata de una hipótesis descabellada: nunca podría ocurrir algo semejante.

*

En el curso de los últimos años, de los últimos meses, cuatro palabras han resonado con fuerza a tu alrededor: *cultura de la violación*. Me has oído hablar de ello en la radio, en la televisión, con amigas, pero no hemos llegado a discutirlo juntas. Puede parecer asombroso, puede parecer extraño. Pero creo que eso también es propio de una-de-esas-madres: distinguir entre la manera de hablar de las cosas en la plaza pública y la manera de hablar de ellas en la vida privada; cómo se hace, con qué palabras y en qué momento... Cómo se lleva a cabo esa delicada fusión entre lo personal y lo político.

Ignoro cuándo te contaré lo que me pasó a mí, ni si llegaré a hacerlo; las miradas y los comentarios fuera de lugar, los atrevimientos no solicitados ni deseados y los gestos proyectados hacia mi cuerpo contra mi voluntad. Pero te he dado ejemplos de lo que se ha hecho, consciente y voluntariamente, para tratar de evitar que me convirtiera en la persona que quería ser. Los gestos hirientes de los adultos que me rodeaban, de educadoras y de profesores. Miradas despectivas, frases como palos en las ruedas de la persona en que estaba en proceso de convertirme. Todo, para arruinar mi futuro.

*

Eras aún una niña. Me aventuraba con paso cauteloso en el terreno de la violencia sexual, buscando cómo responder adecuadamente a esa pregunta que me lanzaste una noche en la cama: «Mamá, ¿es verdad que hay adultos que hacen daño a los niños?».

Nunca fue mi intención asustarte. No quería que avanzaras en la vida como una Caperucita Roja, pero tuve que encontrar la manera de advertirte; lo suficiente como para incitarte a levantar la guardia, y para enseñarte, sobre todo, a reconocer tus propios límites, los límites de tu cuerpo, la integridad de tu persona; cómo escuchar tu voz interior en lugar de atender a mandatos y rumores ajenos, cómo hacer que esa voz sea oída en vez de silenciada.

Se ha desmontado, poco a poco, ladrillo a ladrillo, el sexismo y la misoginia. Se ha desenmascarado a una cultura que banaliza, y a veces alienta, la violencia sexual. Todo lo cual se ha llevado a cabo sin seguir ningún programa, avanzando paso a paso en un bosque de estereotipos, de anuncios y de películas, vadeando un pantano de miradas turbias y de chistes de mal gusto.

*

Enseñarte a ver.
Enseñarte a analizar.
No inculcarte miedo ni odio.
Darte los medios para saber promediar.

*

Tú, la hija de una feminista que a menudo es descrita como radical, que dialoga (ya de verdad, ya sólo mentalmente) con los acontecimientos, te quedas al margen de lo que ocurre en la vida exterior. Se podría pensar que ser una madre feminista es envolver a tus hijos en discursos militantes, y hacerlo sin descanso. Creo más bien que fuiste tú quien me envolvió de infancia, imponiéndome una distancia necesaria: el espacio y el tiempo necesarios para permitirte crecer y para que a mí misma no me tragase el mundo.

Si alguien me preguntara cómo ser una madre feminista, diría quizá que no siéndolo nunca por entero, o no de un modo perfecto. Que ser feminista es pasar por una forma de traducción, de trasposición, de aproximación del pensamiento para adaptarlo a la vida concreta y, en particular, a la que vives junto a tus hijos. Que ser feminista es pasar por la fragilidad, la sensibilidad, la poesía, la imperfección y la emoción, es decir, pasar por el amor.

*

«La verdad es que a menudo me gustan las mujeres. Me gusta su falta de convencionalismos. Me gusta su integridad. Me gusta su anonimato».

VIRGINIA WOOLF

*

Lo más fácil, quienesquiera que seamos, es no amarnos las unas a las otras. Y lo más difícil: no caer en la envidia.

Pero ¿cómo hacer? ¿Cómo evitar que el amor entre nosotras se vea minado por nosotras mismas y que los celos terminen por devorarlo? ¿Cómo evitar querer ser como las demás, o conquistar su espacio a fin de ser las únicas que ocupan un lugar, nosotras que albergamos siempre la impresión de carecer de él, o de que el que tenemos no es el adecuado?

Cuando se dice que las mujeres no tienen sentido de la orientación, ¿no se les quita acaso toda posibilidad de orientarse en el mundo, arruinando por lo demás su relación con las demás mujeres, aquellas a las que pueden dirigirse, privándolas así de puntos cardinales esenciales? El rostro de esas otras mujeres, quienesquiera que sean, no sirve de espejo al nuestro como el agua a Narciso, sino que entraña una direccionalidad, y la posibilidad de no sentirse sola en el mundo.

Las chicas en serie, esa cohorte de gemelas monocigóticas, mudas y congeladas en su belleza, dictan a las mujeres qué lugar deben ocupar en un mundo de hombres. No late en ellas la promesa de la amistad. Son la inscripción de la rivalidad en cada una de las esferas de nuestra vida y la angustia perpetua del «¿cómo destacarse?», «¿cómo salir de aquí?», «¿cómo llegar a existir?».

Mi mayor deseo es que tu historia, tu vida, te mantenga alejada de ese tipo de arenas movedizas. Que tu resistencia arraigue en la negativa a participar en una telerrealidad que tiene por objetivo eliminar a las mujeres una tras otra, hasta que no quede más que una sola, la elegida, la única. Porque así es como somos destruidas cada una de nosotras, incluida la elegida.

Elegida, pero abismada en la oscuridad. Cumple no abandonarse a un deseo semejante.

*

«La aparente simplicidad —la unidad— del continuum entre "mujeres que aman a mujeres" y "mujeres que defienden los intereses de las mujeres", un continuum que se extiende a lo erótico, lo social, lo familiar, lo económico y lo político, no sería tan notable si no se opusiera de manera flagrante a la forma en que se organizan los hombres entre sí».

Eve Kosofsky Sedgwick

*

Cuando era niña, oía a veces a algunos adultos decir a los pequeños, para convencerlos de que obedeciesen: «Si no haces lo que te digo, ¡dejaré de quererte!». O incluso: «¡Ya no te querremos!». Pero el amor no es eso, y amenazar con retirarlo es inculcar en los niños, y acaso aún más en las niñas, una docilidad refractaria a la educación, cuyo fin último es, por el contrario, dotarlos de la capacidad de discernir en torno al consentimiento. Saber cuándo sientes o no deseo por otra persona. Saber qué gestos son agradables y justos, y cuáles son intrusivos. Y saber cómo decirlo, antes, durante y después.

Nunca te pedí que besaras o que te dejaras besar por personas que no conocías, o a las que conocías pero a las que no querías dirigirte, ni en aquel entonces ni nunca. No te empujé a sus brazos. No te he enseñado que ser una buena chica pasa por ponerte a disposición de los otros. Y hoy te recuerdo que eres la dueña de tu cuerpo. Que tienes derecho a decir que no. Que puedes no sonreír si no te apetece. Que no debes confiar en alguien cuando todo te hace desconfiar de su actitud. Que no tienes que ser dulce, amable o gentil para complacer a los demás y satisfacer sus deseos, o para corresponder a lo que se cree que debe ser *una chica.* Hoy, te digo también que a veces deberás mentir para mantenerte a salvo. No decirlo todo. No revelarlo o confesarlo todo. No creer que todo el mundo tiene derecho a conocer cada aspecto de tu vida. Y no siempre tendrás que ser educada. Porque nunca lograrás la unanimidad, y no estás obligada a complacer a nadie, y menos a la mitad masculina de la humanidad, cuya mirada, posada sobre ti, atestigua de hecho el lugar que ocupas en esta Tierra.

*

«¿Ha distorsionado tu reflejo? ¿Te ha hecho olvidar tu propio nombre? ¿Te ha hecho creer que era un Dios? ¿Te arrodillas ante él cada día? ¿Ves cerrarse sus ojos como puertas? ¿Eres la esclava a la que no le muestra más que la nuca?».

Beyoncé

*

Ama a quien quieras.
Vístete como quieras.
Habla, camina, baila, come como quieras.
Juega con los códigos.
Inventa.
Maquilla.
Cuestiona.
Parpadea.
Interroga.
Profana.
Incomoda.
Susurra.
Desvía la mirada.
No sonrías.
Manda a la mierda.
Niégate.
Resiste.
Esquiva.
Interrumpe.
Huye.
Grita.
A pleno pulmón.
Sin apuro.
Sin dudarlo un instante.

*

No te avergüences. Y si lo haces, encuentra en la vergüenza una razón y una manera de oponerte y comprometerte. Porque la vergüenza, la que se experimenta cuando se es minoritaria o se está dominada, que no se corresponde con la norma (blanca, masculina, heterosexual, en buen estado de salud física y económica) y que por lo mismo se antoja excesiva a la vez que insuficiente, demasiado visible y al mismo tiempo infrarrepresentada, esa vergüenza es también el comienzo de la empatía y de las relaciones personales. Los ojos que se entornan, la piel que se ruboriza son también una pasarela y una herramienta de comunicación, como sugiere Eve Sedgwick; una mano tendida. Si te avergüenzas, no lo hagas sola. Sírvete, más bien, del contagio.

*

Nunca quise convertirte en nada en particular. Sólo he procurado quererte lo mejor que he podido, tratar de darte algo que te ayudara a avanzar en el mundo con paso firme, con la seguridad de mi amor, con la fidelidad al compromiso de mi vida contigo. Situarte a ti en el centro. Es algo que no se ve, y que probablemente no se intuya. El yo público opaca al yo privado, que es, prioritariamente, el de la persona que vive contigo. La que compite con tu ordenador. A la que culpas, de vez en cuando, por estar un poco distraída. A la que le dices que a veces te cansa el modo en que observa el mundo desde el feminismo. La que levanta la voz, la que pierde la paciencia, la que no siempre capta los matices de tus sentimientos. Pero lo cierto es que yo habría sido esa misma madre una y mil veces.

Preferir siempre pasar la noche contigo, delante de tu tableta, aunque estés enfurruñada o enfadada, que ir a cualquier evento.

*

Quizá seas un ejemplo de lo que ocurre cuando el feminismo se da por sentado. Cuando es la base, el mínimo, la opción por defecto: feminismo en lugar de discriminación, de sexismo, de misoginia. Acasos seas la hija posfeminista de una madre feminista. Puede que seas el rostro del futuro.

Sin embargo, no te imagino definiéndote como una humanista, porque en ese caso el feminismo desaparecería de la agenda social y política. Como si el feminismo desplegara una militancia de bajo nivel, en tanto que el humanismo correspondiese a una lucha noble y llena de dignidad. Sé que sabes que eso sería marear la perdiz, porque aún hoy nos encontramos en la necesidad de luchar por la igualdad. El día en que dejemos de necesitar el feminismo, ese día viviremos en una lógica humanista. Lo mismo puede decirse de cada movimiento antirracista o en contra de la homofobia, lo mismo debe decirse de todas las luchas que se oponen a las desigualdades y a la discriminación. El feminismo es un paso obligado. Negarse a reconocerlo y declinar llamarse a una misma feminista no es sino un gesto de enorme cobardía.

*

En 2013, la autora nigeriana Chimamanda Ngozi Adichie da una conferencia sobre feminismo. Sampleada por Beyoncé en su canción *Flawless,* la conferencia fue publicada en 2014 bajo el título *We Should All Be Feminists.* Este texto forma parte de los discursos y de los acontecimientos culturales que han vuelto a poner el debate feminista en el orden del día, haciéndolo resonar, una vez más, en la plaza pública.

Desde entonces, el título-eslogan de Adichie ha aparecido en todas partes, incluso en camisetas de Christian Dior. El texto ha sido traducido al francés con el título: *Nous sommes tous des féministes*[18].

Reparo en la desaparición del condicional, cambiado por un presente de indicativo que afirma algo que *nosotros* todavía no somos.

Reparo en la aparición del masculino, género que, en francés, siempre prevalece sobre el femenino, incluso en el título de un manifiesto feminista.

Reparo en que ese título debería haber sido traducido como: *Todas y todos deberíamos ser feministas.*

*

«Enséñale que amor no es sólo dar, sino también recibir. Es importante porque a las niñas les transmitimos

18 *Todos somos feministas.* La versión española de dicho texto, traducida por Javier Calvo en 2019 para Literatura Random House, conserva la estructura morfológica original.

sutiles ejemplos sobre la vida: enseñamos a las niñas que un componente primordial de su capacidad de amar es la capacidad de sacrificarse. A los niños no se lo enseñamos. Enséñale que para amar debe entregarse emocionalmente, pero también dar por hecho que recibirá».

CHIMAMANDA NGOZIE ADICHIE

*

No hay beneficios individuales en el hecho de ser feminista. Lo que se gana es para la comunidad.

Cuando el feminismo está de moda, como sucede ahora, significa que es más accesible, que somos muchas más las que pensamos, las que nos indignamos, que nuestros ojos están abiertos y que nuestros labios ya no están sellados. Cuando el feminismo no está de moda, todas las que trabajan en su favor siguen no obstante haciéndolo en esa oscuridad ambiente que tiende a tragarse los gestos revolucionarios. El círculo es probablemente más pequeño. Nos encontramos un poco más aisladas, y son menos quienes toman la palabra. El feminismo es menos visible, no brilla tanto. Pero el trabajo continúa. Y tanto en un caso como en otro, todo lo que tenemos que ganar es un poco más de justicia, de igualdad, de libertad y de sororidad.

*

No tengas miedo de hablar alto, de alzar la voz. Tú también tienes derecho a enfurecer. No caigas en la trampa de los que acusan a quienes hablan con firmeza de estar al borde de la histeria. No tienes que ser conciliadora. No tienes que estar siempre dispuesta a hablar. Y si tu cuerpo expresa sus emociones, si tu piel se ruboriza, si tu mirada se ensombrece, si tu flujo sanguíneo se acelera, si empiezas a temblar o a llorar, si te indignas, es porque es necesario; has de saber que no es un defecto, un pecado ni una enfermedad. No olvides que tienes derecho a existir.

*

No dejes que te interrumpan.

Niégate a bajar la cabeza, a apartar la mirada ante quienes confunden acoso con seducción.

No te hagas desaparecer. No seas demasiado discreta, ni demasiado modesta, porque este mundo es a pesar de todo una jungla en la que tu espacio no siempre estará garantizado, y te mereces disponer de uno, aunque, en ocasiones, eso signifique que haya que jugar usando los codos y estar un poco más presente de lo que a una le gustaría.

No temas al éxito. No creas que no te lo mereces, porque en cualquier caso te lo mereces tanto como los que lo consiguen más fácilmente que tú (a veces, demasiado fácilmente), y cuyos logros nunca cuestionas de veras. Que cese ese círculo vicioso en el que las chicas, desde su más tierna infancia, se consideran menos inteligentes, menos competentes que los chicos, algunos de los cuales se convertirán en políticos mediocres que no dejarán de negarse a que se alcance la paridad mediante cuotas, por miedo a que las mujeres sean elegidas simplemente por el hecho de serlo, mujeres incompetentes, claro, como si ellos no hubieran sido elegidos por el hecho de ser hombres, como si ser un hombre implicara acaso alguna garantía de ser capaz, honrado, justo, honesto o digno de confianza.

No temas hablar en exceso. Haz lo que tengas que hacer para ser oída aunque algunos prefieran no escucharte. Silencia ese rumor interno que te dice que no eres lo bastante elocuente, lo bastante convincente, porque no viene de ti: es la voz que se posa sobre nuestros hombros desde hace siglos y que no dice nada de cierto, salvo que la misoginia no es un estado de excepción sino un estado *de facto*.

No intentes ser perfecta. La perfección es un señuelo que no existe sino en la cabeza y en los ojos de aquellos a quienes les interesa excluirnos. Antes bien, sé imperfecta, rehúsa cumplir las expectativas, juega como quieras y a lo que quieras, y no temas mostrarte desobediente. Porque tú también puedes hacer trampas, y ganarle así la batalla a un sexismo que hace todo lo posible para que pierdas las ganas de jugar.

Niégate a plegarte como si fueras una pieza de origami sólo porque el hombre que va sentado junto a ti en el metro, en el autobús, en el tren, en el avión, se ha creído en el derecho de instalarse en su asiento con las piernas abiertas, o porque trate de monopolizar el reposabrazos central, o porque sus pies estén tan pegados a los tuyos que te veas obligada a franquearlo para pasar... Imponte.

Niégate de igual modo a seguir la corriente general, esa marea que se apresta a arrumbar las obras de las mujeres para difundir a gran escala hasta la menor pincelada masculina.

Subraya, cuando sea posible, el predominio de un *club de amigos* en una exposición, un catálogo editorial, la sección literaria de un periódico, la programación de un cine de arte y ensayo, el temario de un curso, la lista de reproducción de un programa de radio...

Denuncia en voz alta la representación desproporcionada de la ciudadanía en el Parlamento y en el seno de los consejos de administración, porque todo el mundo merece estar sentado a la mesa, no sólo los que encuentran en la mirada de quienes tienen enfrente el reflejo de su propio rostro. Es muy sencillo: hay que decirlo como las *Guerrilla Girls*[19], con todo tu amor, precisando que estás segura de que se sienten muy mal por constatar una realidad semejante, por el error que han cometido, ¡y de que están dispuestos a hacer cuanto esté en su mano para rectificarlo!

*

Pero, entretanto, tienes derecho a consumir únicamente obras de mujeres, cualesquiera que sean, «libros en los que las mujeres son perseguidas por mu-

19 Colectivo de artistas feministas y antirracistas fundado en Nueva York a mediados de los años 80 y caracterizado por usar tácticas de guerrilla —entendidas como un conjunto de acciones comunicativas de perfil estratégico— para denunciar la discriminación de las mujeres en el ámbito artístico.

jeres» (Nicole Brossard), o a no consumir las obras de aquellos que de todos modos formarán parte de tu itinerario porque sus lecturas son obligatorias en la escuela, y ese discurso de una mayoría a la que le encanta saberse en mayoría, ese discurso demasiado a menudo de derechas que tiene como único objetivo proteger a los privilegiados... ese discurso está en todas partes. Está en el aire que respiras. Nos envuelve en tanto no haya posibilidad de elegir. Es por eso que no hay que darle espacio: ¡ya lo tiene!

*

No has leído mis libros. Nunca has estado particularmente interesada en esa parte de mi vida. Me has dado esa libertad. Pero cuando leíste las primeras páginas de lo que iba a ser este texto, las lágrimas corrieron por tus mejillas. Me dijiste: «Nadie había escrito nunca algo así sobre mí».

Al decir eso, lo que más me conmovió fue que insinuaras que alguien más habría podido hacerlo, que alguien más, algún día, podría escribir algo semejante. Dijiste que tenías una vida al margen y que también otras personas, además de mí, podrían escribir cosas así sobre ti.

Agradecí que me pusieras en mi lugar.

En el lugar de una de esas madres que no ocupan todo el espacio.

En el lugar de una madre que escribe.

*

«Para mí, la comunidad de las mujeres no se define: se escribe».

FRANÇOISE COLLIN

*

Espero haber sido y seguir siendo la «madre suficientemente buena» de la que habla Donald W. Winnicott[20], la que responde a todas las demandas de su bebé en los primeros compases de su vida, permitiéndole así crearse un yo, un yo verdadero en lugar de un yo falso, que le hará posible, después de *haber sido* el mundo, estar *en* el mundo.

Pero, si yo soy esa madre, también tú debes seguir siendo una hija suficientemente buena. Debes luchar contra la perfección para permanecer en la verdad. Las chicas perfectas. La exigencia de una perfección morigerada adherida a la cara de las chicas, y si no: la máscara de la vergüenza, la pantalla de la humillación,

20 La expresión fue acuñada por Winnicott, pediatra y psicoanalista británico, en 1953. Winnicott observó que un exceso de apego entre madre e hijo podía llegar a resultar patológico, contrastando el carácter de la «madre suficientemente buena», cuya preocupación por atender las necesidades primarias del recién nacido suele ser espontánea, con el de la «madre banalmente dedicada» a la tarea de cuidar de su descendencia.

el veredicto de asilvestramiento... Hay que oponer resistencia a todo eso. Por ti y por todas las demás.

Salir de esa piel que se querría casi transparente, del patrón que representas a tu pesar, a pesar de todo, y por el que se mide el resto. De esa imagen que participa de la instauración, a menudo silente e insidiosa, de una supremacía blanca que debes contrarrestar por todos los medios.

No tienes nada que ganar siendo una princesa rubia de ojos azules que sólo existe cuando está dormida, y cuyas variantes actuales conforman una cohorte de mujeres asesinadas en nuestras pantallas. Imágenes que son espejos des-realizantes, y que las hacen parecer chicas auténticas cuando están menos que vivas, flotando sobre el mundo como las hadas de los cuentos infantiles. Imágenes que siempre nos hacen enmudecer.

No tienes nada que ganar, y puedes sin embargo perderlo todo.

Renuncia a brillar sola, porque esa luz no tardará en apagarse como una mera ilusión.

Elige, en cambio, coexistir. Las alianzas, los colectivos, la sororidad serán siempre más justas que la elección, porque, en el fondo, nunca se es único: la originalidad es un espejismo. Quizá la única cosa que nos pertenezca sea la voz o el gesto. Nuestra decisión de actuar en un momento determinado, deliberadamente o por casualidad, de escribir una frase o de presionar el disparador de una cámara para capturar una imagen. Nuestra singularidad tiene que ver con la forma de situarnos en el mundo, al lado de los demás. Con la forma en que tratamos de existir.

*

No, no he trabajado para convertirte en una feminista. Si lo eres, no has llegado a serlo con discursos o reglas. No hubo mantras ni lavados de cerebro. Nuestra casa no es la sede de la Internacional feminista o de una secta que sería algo así como la versión inversa de las mujeres de rojo de *El cuento de la criada*. No hubo ninguna profesión de fe. No hice de ti una feminista, y nunca te pregunté si lo eras. Porque tú lo afirmas sin dudar. Hablas el feminismo como lengua materna.

*

La forma en que una se convierte en feminista no deja de ser misteriosa. Se podría pensar que es un proceso articulado principalmente a través de los textos, de las palabras, de las acciones, de una implicación directa en la sociedad. Pero se tiende a olvidar que también pasa por el amor y el deseo, por el deseo y la admiración que las chicas pueden sentir por otras chicas y mujeres, por chicas que se unen para compartir el mismo amor por las mismas mujeres, o que se sienten embrujadas por ellas, y que tal vez quieren hacer algo de provecho con esa obsesión. Y puede que lo que hacen con ella sea la imagen misma del feminismo: complejo y contradictorio, versátil, polimórfico y polifónico, sensible, sensual, cambiante y siempre político, poco importa cómo.

Puede que todo feminismo sea esencialmente un feminismo aproximativo, imperfecto, un feminismo que no deja de reinventarse constantemente. Y como en toda historia de amor, como en cualquier relación padre-hijo, aún sigue resultando un poco inconcreto, un poco paradójico, un poco fallido, un poco desorientado, un poco siempre en trance de encontrarse a sí mismo.

*

«El amor tiene el poder de transformarnos y nos da la fuerza para oponer resistencia a la dominación. Elegir la política feminista es elegir el amor».

BELL HOOKS

*

He sido, soy una madre imperfecta, y tú eres como cualquier otra chica. El compromiso feminista no me ha convertido en una superheroína de la maternidad. Pero sin duda ha hecho de nosotras mujeres conscientes, negociadoras, dialogantes, siempre atentas.

Llego al final de este libro, que es una carta, algo parecido a un legado que te dejo por anticipado, con dos o tres cosas que sé que no sé y que quiero transmitirte, como si fueran las trazas de lo que ha logrado mantenernos juntas.

No lo he dicho todo, pero he intentado dibujar los contornos de este amor feminista que nos une y que ojalá haya imbuido en ti algunas ideas dignas de ser defendidas. Espero que este amor haya contribuido a convertirte en un ser ávido de libertad, y no sólo de la tuya, alguien que no cree en la identidad femenina más que lo suficiente como para luchar por los derechos de las que no tienen bastantes. Alguien para quien la identidad femenina será el anclaje de un compromiso verdaderamente feminista, porque desbordará las identidades de género. Alguien que sabrá ponerse entre paréntesis cuando sea necesario y ocupar todo el espacio cuando así lo requiera. Espero que puedas ser *esa* Élie.

*

Ríete tanto como puedas, en primer lugar de ti misma.

No te tomes siempre en serio.

No caigas en la complacencia.

No caigas en la arrogancia salvo si es necesario.

Mantén esa dulzura que siempre has tenido, ese mar de fondo que te guía incluso cuando estás enfadada y que deja ver que no está en tu naturaleza hacer daño.

*

Esta mañana, he decidido llevarte el desayuno a la cama. Las frutas, el zumo, el pan tostado y el chocolate, la bandeja apoyada en el edredón y tu cabeza despeinada que emerge de entre las sábanas. Nunca olvidaré estos desayunos. Los haré durar en mi interior el mayor tiempo posible. Preservaré esos valiosos momentos en que eres, simultáneamente, mi hija mayor y mi niña.

Dentro de un rato saldrás de nuevo con tu amiga para ir de compras al centro. Mientras, yo me quedaré en casa para escribir.

*

Anoche tuve un sueño un tanto paranoico, un sueño de vigilancia y exhibición. Todos los muros eran transparentes. Había ojos por todas partes. La amenaza era a la vez palpable e invisible, no ofrecía escapatoria y tenía como objetivo mi propio cuerpo.

Habré escrito estas últimas páginas ante la adaptación televisiva de la novela de Margaret Atwood, *El cuento de la criada*. He ahí un ejemplo de resistencia a través del arte, una protesta contra el clima político actual que oprime y silencia los relatos de aquellas y aquellos que son percibidas/os como *las/os otras/os*.

Era muy joven cuando la leí por primera vez, un poco mayor que tú ahora, pero en todo caso al principio de lo que se anunciaba como *mi vida*. Lo que por entonces se me antojaba pura ficción me sume hoy, más de veinticinco años después, en el insomnio. Veo en ella una supremacía blanca que no está tan lejos de lo que realmente está sucediendo en nuestro mundo, no tan lejano a su vez de la ficción. Veo en ella un sometimiento de las mujeres que atraviesa los siglos: la esclavitud de la que han sido víctimas, en nuestro continente, las mujeres negras; un comercio que sigue activo en la actualidad, en los campos, en las fábricas, en las casas particulares, bajo mil y un rostros que se prefieren invisibilizados. Veo en ella el control de la fertilidad de que han sido objeto las mujeres autóctonas esterilizadas contra su voluntad. Veo en ella violencias frente a las que ninguna mujer está protegida en tanto en cuanto el derecho al aborto (la posibilidad de elegir) no está garantizado. Veo en ella aquello de lo que deseo protegerte y, al mismo tiempo, aquello de lo que quiero que seas consciente en tanto que mujer blanca.

*

El ascenso de Donald Trump a la presidencia de los Estados Unidos ha sembrado un terror sordo, ese terror que *El cuento de la criada* pone en escena cuando dice que ninguna de nosotras está a salvo, que todo Estado es susceptible de aterrorizar a los suyos, que el fascismo está a nuestras puertas, con la censura, las discriminaciones, los genocidios, las purgas y las manipulaciones que trae aparejadas. No tenemos más tiempo para esperar a ver qué lado de la historia es el correcto. Anoche me acosté diciéndome a mí misma que la distopía está teniendo lugar justo ahora, y lamentando que éste sea el mundo en el que estás creciendo.

*

Ningún mundo merece a los niños, y el mundo que los niños heredan sin duda es siempre terrible. Lo que deseo es que estos últimos años te hayan dado la fuerza suficiente para hacerle frente y saber desde un inicio por qué y por quiénes y contra quiénes debes luchar.

*

Desconfía de los grandes focos, de los reflectores ávidos de iluminarlo todo y de las expresiones autosuficientes que creen no omitir nada.

Rechaza tanto las mordazas como las palabras vacías.

Sé crítica con las normas, los reglamentos, los protocolos.

Cuestiona las instituciones y los órganos de la gubernamentalidad[21].

Desconfía de lo que se da con intransigencia, fórmulas fijas, ideas preconcebidas, léxicos gastados.

Desconfía del miedo. No de la cautela que te permite defenderte o indignarte, sino del miedo que puede impedirte pensar y crear.

21 Se trata de un concepto definido por el filósofo francés Michel Foucault en el marco del curso «Seguridad, territorio, población» impartido en el Collège de France entre enero y abril de 1978, y del que se serviría para designar a esa nueva racionalidad política —un «nuevo arte de gobernar»— aparecida en Europa con la instauración del gran aparato administrativo monárquico, sostenido por dispositivos «policiales» y «diplomático-militares» encargados de salvaguardar la existencia del cuerpo social mediante la aniquilación de sus potenciales amenazas. Cfr. Michel Foucault. *Seguridad, territorio, población. Curso del Collège de France (1977- 1978).* Trad. Horacio Pons. Madrid: Akal, 2008.

No dejes nunca de reflexionar, de analizar y de criticar.

No temas lo que podrías llegar a comprender o inventar.

Mantente alerta.

Denuncia las injusticias.

Desconfía de los mandamientos que buscan, por todos los medios, poner un yugo a tu vida.

Desconfía de las voces dominantes, incluida la mía, la voz de la que es tu madre.

*

Pero siempre, siempre,
amor mío...
acuérdate de nosotras.

ENERO-JUNIO 2017

SE CITAN EN ESTE LIBRO

Ahmed, Sara. *Vivir una vida feminista*. Trad. María Enguix. Barcelona: Bellaterra, 2018.

Allison, Dorothy. *Peau. À propos de sexe, de classe et de littérature* [*Piel. Sobre sexo, clase y literatura*]. París: Cambourakis, 2015.

Anderson, Benedict. *Comunidades imaginadas*. Trad. Eduardo L. Suárez. México D. F.: Fondo de Cultura Económica, 1993.

Angelou, Maya. *Lettre à ma fille* [*Carta a mi hija*]. París: Noir sur blanc, 2016.

Anders, Günther. *La obsolescencia del odio*. Trad. Virginia Modafferi. Valencia: Pre-Textos, 2019.

Awashish, Liliane. *Lettre à ma fille* [*Carta a mi hija*] (2015). Wapikoni. http://www.wapikoni.ca/movies/lettre-a-ma-fille-letter-to-my-daughter

Baldwin, James. «*Sur le fait d'être Blanc... et autres mensonges*» [«Sobre el hecho de ser blanco... y otras mentiras»] (27 agosto 2012). En: Parti des indigènes de la république. http://indigenes-republique.fr/sur-le-fait-detre-blanc-et-autres-mensonges

Baldwin, James y Peck, Raoul. *No soy vuestro negro*. Trad. María Enguix. Madrid: Ediciones de Oriente y del Mediterráneo, 2021.

Barthes, Roland. *Fragmentos de un discurso amoroso*. Trad. Eduardo Lucio Molina y Vedia. Madrid: Siglo XXI Editores, 2011.

Bechdel, Alison. *Lo indispensable de Unas lesbianas de cuidado*. Trad. Rocío de la Maya Retamar. Barcelona: Reservoir Books, 2018.

Beyoncé. *Lemonade* [*Limonada*]. Los Ángeles: Parkwood Columbia, 2016.

Bianco, Marcie. «*40 Years After Women Went on Strike in Iceland, Here's What Gender Equality Looks Like*» [«40 años después de que las mujeres se declararan en huelga en Islandia, así es como se ve la igualdad de género»] (26 marzo 2015). En: Mic. https://www.mic.com/articles/113620/40-years-after-women-went-on-strike-in-iceland-here-s-what-gender-equality-looks-like

Bouteldja, Houria. *Los blancos, los judíos y nosotros Hacia una política del amor revolucionario*. Trad. Anabelle Contreras Castro. Madrid: Akal, 2017.

Brossard, Nicole. «*Écriture lesbienne: stratégie de marque*» [«Escritura lésbica: estrategia de marca»]. En: *Les études gays et lesbiennes* [*Los estudios gais y lésbicos*]. París: Centre Georges Pompidou, 1998.

Campbell, Oliver. «*Raising a White Child as a Black Parent in an Age of White Guilt Hysteria and Self-flagellation*» [«Criar a un niño blanco siendo un padre negro en una época de histérica culpa blanca y autoflagelación»] (15 marzo 2017). En: Fit Yourself Club. https://fityourself.club/raising-a-white-child-as-a-black-parent-in-an-age-of-white-guilt-hysteria-and-self-flagellation-cf9385d5cb0c

Coates, Ta-Nehisi. *Entre el mundo y yo*. Trad. Javier Calvo Perales. Barcelona: Seix Barral, 2016.

Collin, Françoise. *Anthologie québécoise (1977-2000)* [*Antología quebequesa (1977-2000)*]. Montréal: Remue-ménage, 2014.

Collin, Françoise. «Una herencia sin testamento». Trad. Mayte Cantero Sánchez. En: *Lectora: revista de dones i textualitat*, nº. 19, 2013.

Davis, Angela. *La libertad es una batalla constante*. Trad. Elena Odriozola. Madrid: Capitán Swing, 2017.

Duca, Lauren. «*Stand your Ground*» [«Defiende tu postura»]. En: *Teen Vogue*, vol. 1, «The Love Issue», 2017.

Dufourmantelle, Anne. *En caso de amor. Psicopatología de la vida amorosa*. Trad. de Jorge Luis Piovano y Nichu Salazar. Buenos Aires: Nocturna Editora, 2018.

Duras, Marguerite. «*La droite la mort*» [«La derecha, la muerte»]. En: *Le Monde*, 18 marzo 1985.

Duras, Marguerite y Porte, Michelle. *Los espacios de Marguerite Duras*. Trad. Teresa Agustín Hernández. Madrid: Ediciones del Oriente y del Mediterráneo, 2011.

Efoui, Kossi. «*Contre la peur de nommer*» [«Contra el miedo a nombrar»], prefacio a *Encre, sueur, salive et sang de Sony Labou Tansi* [Tinta, sudor, saliva y sangre de Sony Labou Tansi]. París: Seuil, 2015.

Ernaux, Annie. *Le vrai lieu : Entretiens avec Michelle Porte* [*El lugar real: entrevistas con Michelle Porte*]. Paris: Gallimard, 2014.

Fallaci, Oriana. *Carta a un niño que nunca nació*. Trad. Atilio Pentimalli Melacrino. Barcelona: Planeta, 2012.

Foucault, Michel. *El bello peligro*. Trad. Víctor Goldstein. Buenos Aires: Interzona, 2018.

Fraser, Nancy. *Fortunas del feminismo*. Trad. Cristina Piña Aldao. Madrid: Traficantes de Sueños, 2015.

Hooks, Bell. «*Agent of Change: An Interview with bell hooks*» [«Agente del cambio: una entrevista con bell hooks»], entrevista con Helen Tworkov (otoño 1992). En: Tricycle. https://tricycle.org/magazine/bell-hooks-buddhism

Hooks, Bell. *El feminismo es para todo el mundo*. Trad. Beatriz Esteban Agustí, Lina Tatiana Lozano Ruiz, Mayra Sofía Moreno, Maira Puertas Romo y Sara Vega González. Madrid: Traficantes de sueños, 2017.

Jamison, Leslie. «*In the Shadow of a Fairy Tale*» [«A la sombra de un cuento de hadas»] (6 abril 2017). En: *The New York Times*. www.nytimes.com/2017/04/06/magazine/in-the-shadow-of-a-fairy-tale.html

King, Martin Luther. «*Where do We Go From Here*» [«Hacia dónde nos dirigimos»]. En: Informe anual de la XI convención de la Conferencia Sur de Liderazgo Cristiano, 16 agosto 1967.

Lê, Linda. *À l'enfant que je n'aurai pas* [*Al hijo que no tendré*]. París: NIL, 2011.

Le Guin, Ursula. «Presentación». En: *Contar es escuchar, sobre la escritura, la lectura y la imaginación*. Trad. Martín Schifino. Madrid: Círculo de Tiza, 2017.

Moss, Laura. «*Why Must We Hate the Things Teen Girls Love?*» [«¿Por qué debemos odiar las cosas que aman las adolescentes?»]. En: *Mother Nature Network*, 9 octubre 2015.

Miano, Léonora. *Vivir en la frontera*. Trad. Lola Bermúdez Medina. Madrid: Los Libros de la Catarata, 2016.

Mock, Janet. «*Young People Get Trans Rights. It's Adults Who Don't*» [«Los jóvenes obtienen derechos trans. Son los adultos los que no lo hacen»]. En: *The New York Times*, 23 febrero 2017.

Morrison, Toni. «*The Pain of Being Black*» [«El dolor de ser negra»], entrevista con Bonnie Angelo. En: *Time Magazine*, 22 mayo 1989.

Ngozi Adichie, Chimamanda. *Querida Ijeawele. Cómo educar en el feminismo*. Trad. Cruz Rodríguez Juiz. Barcelona: Literatura Random House, 2021.

Ngozi Adichie, Chimamanda. *Todos deberíamos ser feministas*. Trad. Javier Calvo Perales. Barcelona: Literatura Random House, 2021.

Preciado, Paul B. «La amnesia del feminismo». En: *Un apartamento en Urano Crónicas del cruce*. Barcelona: Anagrama, 2019.

Sedgwick, Eve Kosofsky. *Between Men. English Literature and Male Homosocial Desire* [*Entre hombres. Literatura inglesa y deseo homosocial masculino*]. New York: Columbia University Press, 2016 [1985].

Shire, Warsan. *Enseñando a parir a mi madre*. Trad. Juan José Vélez Otero. Granada: Valparaíso, 2021.

Solnit, Rebecca. *La madre de todas las preguntas*. Trad. Lucía Barahona. Madrid: Capitán Swing, 2021.

Sontag, Susan. *Renacida. Diarios tempranos 1947-1964*. Trad. Aurelio Major. Barcelona: Literatura Mondadori, 2011.

Tempest, Kae. *Let Them Eat Chaos* [*Dejad que se enfrenten al caos*]. Londres: Picador, 2016.

Vachon, Christine. «*Film-Makers Can Defy Trump*» [«Los cineastas pueden desafiar a Trump»] (24 febrero 2017). En: *The Guardian*. https://www.theguardian.com/commentisfree/2017/feb/24/oscars-arent-just-so-white-theyre-also-so-straight

Winnicott, Donald W. *Los bebés y sus madres*. Trad. Laura Turner. Barcelona: Paidós, 2015.

Woolf, Virginia. *Una habitación propia*. Trad. Laura Pujol. Barcelona: Seix Barral, 2001.

ESTA PRIMERA EDICIÓN DE

El mundo es tuyo

SE ACABÓ DE IMPRIMIR EN SALAMANCA
POR CUENTA DE FIRMAMENTO
EN OCTUBRE DE 2021